Research on the High Quality Development of

LIVESTOCK INDUSTRY

Driven by Technological Innovation

科技创新驱动畜牧业
高质量发展研究

鄢朝辉　王明利　◎著

中国财经出版传媒集团

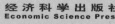

经济科学出版社
Economic Science Press

·北京·

图书在版编目（CIP）数据

科技创新驱动畜牧业高质量发展研究／鄢朝辉，王
明利著. -- 北京：经济科学出版社，2024. 9. -- ISBN
978 - 7 - 5218 - 6349 - 9

Ⅰ. F326. 3
中国国家版本馆 CIP 数据核字 20246NE071 号

责任编辑：汪武静
责任校对：徐　昕
责任印制：邱　天

科技创新驱动畜牧业高质量发展研究

KEJI CHUANGXIN QUDONG XUMUYE GAOZHILIANG FAZHAN YANJIU

鄢朝辉　王明利　著

经济科学出版社出版、发行　新华书店经销
社址：北京市海淀区阜成路甲 28 号　邮编：100142
总编部电话：010 - 88191217　发行部电话：010 - 88191522
网址：www. esp. com. cn
电子邮箱：esp@ esp. com. cn
天猫网店：经济科学出版社旗舰店
网址：http://jjkxcbs. tmall. com
固安华明印业有限公司印装
710 ×1000　16 开　13 印张　200000 字
2024 年 9 月第 1 版　2024 年 9 月第 1 次印刷
ISBN 978 - 7 - 5218 - 6349 - 9　定价：59. 00 元
（图书出现印装问题，本社负责调换. 电话：010 - 88191545）
（版权所有　侵权必究　打击盗版　举报热线：010 - 88191661
QQ：2242791300　营销中心电话：010 - 88191537
电子邮箱：dbts@ esp. com. cn）

本书的研究得到国家自然科学基金重点项目"基于可持续发展的畜牧业现代化路径与政策支持体系"（编号：72033009）、中国农业科学院科技创新工程项目（编号：10－IAED－01－2023）、国家重点研发计划"多层（楼房）养猪综合效益评估与提质增效模式研究及示范"（编号：2023YFD1301905）等项目课题资助，在此表示感谢！

前 言
PREFACE

　　畜牧业是关系国计民生的重要产业，是农业农村经济发展的支柱产业，是保障食物安全和居民生活水平提升的战略性产业。畜牧业现代化既承担着优质安全肉蛋奶稳定供应的关键要务，也关系着环境安全、疫病安全和生物安全，还承担着吸纳农村就业、促进农民增收和助力乡村振兴的重要任务。在国家全面实施乡村振兴战略背景下，借鉴发达国家的经验和做法以及我国农业农村现代化的历史实践，畜牧业现代化是指在保障生态环境友好的前提下，通过不断吸纳和融合现代要素，突出提升质量、效益、竞争力及疫病防控能力，从而提升可持续供给能力，为居民持续供应充足、优质、安全的畜产品，实现畜牧业优质、高效、安全和可持续的发展目标。这个定义也与当前的新发展理念和高质量发展高度契合。

　　高质量发展是新时代的主旋律，创新是驱动高质量发展的第一动力，科技投入是创新的重要保障。理解科技投入、技术创新对畜牧业高质量发展的影响机理，是把握畜牧业高质量发展关键路径的基础。本书围绕畜牧业高质量发展的目标导向，从科技创新的视角研究其驱动畜牧业高质量发展的机理，具体开展了以下五个方面的研究。第一，通过对相关年份《全国农业科技统计资料汇编》、《中国科技统计年鉴》、上市公司年报等数据资料的收集和整理，梳理和分析我国畜牧业科技投入的现状与问题。第二，在以"优质、高效、安全、环保"为内涵的畜牧业高质量发展基础上，从产品质量、生产效率、绿色发展、动物防疫四个维度构建指标体系，运用德尔菲法与批判法（CRITIC）测算出各省份畜牧业高质量发展水平，实证分析省级层面畜牧业科技投入、技术创新对畜牧业高质量发展的影响机制。第三，基于畜牧业上市公司数据，以企业全要素生产率表征畜牧业企业的高质量发展，实证分析企业层面科技投入、技术创新对畜牧业企业高质量发展的影响。第四，通过实地调研广西扬翔股份有限公司、河南牧原食品股份有限公司、湖北中新开维现代牧业有限公司三家大型畜牧科技企业，以涵盖众多关键技术创新的楼房养猪模式为例，使用案例研究方法深入剖析技术创新对畜牧业高质量发展的影响路径。第五，为进一步探究激发畜牧业企业科技投入的路径，基于上市公司数据，从企业生命周期和高管股权激励的视角，实证分析政府补贴对畜牧业企业研发投入强度的影响机理。

相较于已有研究，本书的创新点主要有三点。第一，将科技投入、技术创新与畜牧业高质量发展纳入了一个完整的分析框架，通过实证研究和案例研究相结合的方式，从宏观、微观、个案全面系统地研究了畜牧业科技投入、技术创新对畜牧业高质量发展的影响，发现科技投入能够通过促进技术创新来提升畜牧业高质量发展水平，研究结论为创新驱动畜牧业高质量发展提供了坚实的理论支撑和经验证据。第二，以我国近年来迅速发展起来的楼房养猪模式为例，深入剖析楼房养猪模式蕴含的技术创新，基于广西扬翔股份有限公司、河南牧原食品股份有限公司、湖北中新开维现代牧业有限公司三个成功实践的楼房养猪典型案例，详细探索了技术创新推动畜牧业高质量发展的实现路径。第三，为进一步提升我国畜牧业科技创新水平，本书系统梳理了在沪深 A 股上市的畜禽养殖、饲料生产、肉制品加工、乳制品加工和动物保健五个行业的畜牧业企业，将政府补贴细分为政府研发补贴和非研发补贴，探究两者对畜牧业企业研发投入强度影响的异质性。基于企业生命周期的视角，探究政府的研发补贴和非研发补贴对处于不同生命周期的畜牧业企业研发投入影响的异质性；并进一步探究高管股权激励在政府研发补贴影响企业研发投入强度过程中的调节效应。

　　本书是国家自然科学基金重点项目"基于可持续发展的畜牧业现代化路径与政策支持体系"（编号：72033009）、中国农业科学院科技创新工程项目（编号：10 – IAED – 01 – 2023）、国家重点研发计划"多层（楼房）养猪综合效益评估与提质增效模式研究及示范"（编号：2023YFD1301905）等项目课题的部分研究成果。本书出版之际，要特别感谢农业农村部畜牧兽医局、科学技术司、科技发展中心、中国绿色食品发展中心、全国畜牧总站对本书研究工作给予的大力支持与帮助，感谢各位专家针对相关议题提出的宝贵问题与建设性意见，感谢地方主管部门在调研过程中给予的大力配合与支持。同时，作为阶段性研究成果，本书难免存在诸多问题与不足，笔者将进行进一步深入探索，也恳请读者对本书提出宝贵批评意见和修改建议。

鄢朝辉
2024 年 7 月于北京

目 录

CONTENTS

第 1 章

绪　论

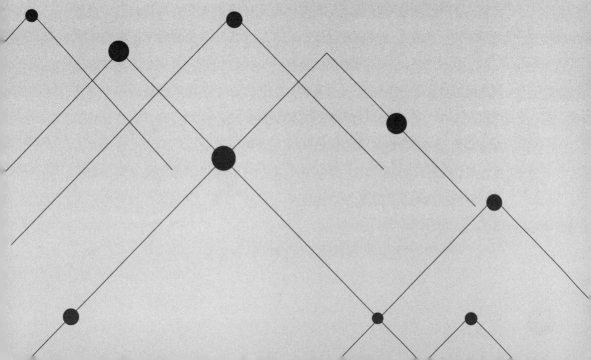

1.1 研究背景与意义

1.1.1 研究背景

1. 高质量发展是新时代的主旋律，畜牧业作为关系国计民生的重要产业，同样需要高质量发展

新时代以来，高质量发展是经济社会发展的主旋律。畜牧业是关系国计民生的重要产业，也是新时代不断满足人们对优质安全肉蛋奶需求的战略性产业，在保障国家食物安全、促进农牧民增收、推进乡村振兴等方面发挥了重要作用（王明利等，2022）。但是，畜牧业发展到今天，仍然面临着诸多问题和挑战。首先，资源条件约束趋紧。一是饲料粮供应趋紧。2022 年，我国养殖业消耗饲料 4.54 亿吨，占全部粮食消费的 48%（章勇，2023）。二是优质饲草的供应短缺，2023 年我国进口草产品 108.77 万吨，比 2008 年（1.96 万吨）增长了 54.5 倍[①]。三是土地资源短缺。养殖场用地审批困难，规模土地流转费用高企。四是劳动力资源相对短缺。其次，环保政策趋严。2015 年之后，有关部门密集出台《水污染防治行动计划》、《畜禽规模养殖污染防治条例》、《中华人民共和国环境保护税法实施条例》和《畜禽养殖禁养区划定技术指南》等一系列规划及文件，对畜牧业发展造成严重冲击（王明利，2020）。再次，动物疫病频发。随着养殖总体规模的快速扩大和养殖密度的提高，各类重大畜禽疾病在我国时有发生，21 世纪以来，我国相继暴发的高致病性禽流感、猪链球菌病、高致病性猪蓝耳病、H7N9 流感、仔猪流行性腹泻、家

---

① 资料来源：中华人民共和国海关总署数说海关，海关进出口数据统计。http：//www. customs. gov. cn。

畜小反刍兽疫、非洲猪瘟等疫情给我国畜禽养殖业带来巨大冲击（Huang et al.，2015；Yan et al.，2023）。最后，生产效率总体不高。我国每头母猪每年出栏肥猪数、肉牛育肥日增重等主要畜禽生产效率指标与代表性国家一直有较大差距（Tian，2017；Li et al.，2022）。以上问题和挑战导致畜牧业粪污处理难度加大、产品质量安全隐患依然存在，降低了生产者和消费者福利，增加了资源环境成本，不利于畜牧业持续稳定健康发展。在此背景下，2020 年，《国务院办公厅关于促进畜牧业高质量发展的意见》发布，为促进畜牧业高质量发展进行了顶层部署，明确提出要转变发展方式，加快构建现代畜禽养殖、动物防疫和加工流通体系，不断增强畜牧业质量效益和竞争力，形成产出高效、产品安全、资源节约、环境友好、调控有效的高质量发展新格局，更好地满足人民群众多元化的畜禽产品消费需求。

2. 畜牧业企业作为畜牧业经济主体地位越发凸显，畜牧业企业的高质量发展对促进畜牧业高质量发展至关重要

畜牧业企业是畜牧业经济的主体，在畜牧业生产中发挥重要作用（Seré et al.，1996）。改革开放以来，随着经济体制的深化改革和资本的持续投入，我国畜牧业企业也快速发展壮大。据作者不完全统计，2022 年在中国沪深 A 股上市的 70 家畜牧业企业总资产约为 11724 亿元人民币[①]，涵盖畜禽养殖、饲料生产、肉制品加工、乳制品加工、动物保健等几乎所有的畜牧业生产链条。畜牧业企业不仅可以通过饲养动物生产供应肉蛋奶等产品，而且能够通过提供高质量的种畜、饲料、兽药等产品促进畜牧业的发展和提升（Mosnier et al.，2022）。此外，畜牧业企业还能够积极引进新技术、新品种，助推畜牧业向现代化转型（Groher et al.，2020；Vaintrub et al.，2021）。与种植业相比，畜牧业中企业的经济主体

---

① 资料来源：笔者从国泰安数据库（https：//data. csmar. com）下载相关资料并整理得到。

地位更加明显。第三次全国农业普查数据显示，我国经营耕地 10 亩以下的农户仍有 2.1 亿户，小农户经营耕地面积占总耕地面积的 70%。畜牧业中企业的经营比重显著高于种植业，2020 年我国畜禽养殖规模化率已经达到了 67.5%，[1] 到 2023 年，我国畜禽养殖规模化率达到 70% 以上，其中生猪规模化率超过 68%、奶牛超过 70%、蛋鸡和肉鸡超过 80%，规模养殖场成为肉蛋奶供应的主要来源（杨惠，2024）。此外，以上市公司为代表的头部企业在畜牧业发展中的作用也越来越关键。以生猪养殖为例，2023 年全国生猪出栏量为 72662 万头，[2] 而前 10 家上市猪企生猪出栏量为 13985 万头，占全国总量的 19.20%。[3] 从环比数据来看，2023 年全国生猪出栏量比 2022 年增加 2667 万头，2023 年前 10 家上市猪企生猪出栏量比 2022 年增加 1820 万头，前 10 家上市猪企出栏增量占到全国出栏增量的 68%，是 2023 年全国生猪出栏量增长的主要力量。可见，养殖业的规模化和集中度仍以较快速度在继续提高。同时，近年来以上市公司为代表的头部企业发展的生猪代养模式得到快速发展。根据笔者 2023 年 10~11 月前往四川、湖北、广东等地对生猪产业的调研发现，当前的生猪代养模式比传统的"公司 + 农户"模式对养殖户的要求更高。一是养户规模更大，以前代养户基本年出栏几百头以上便可，现在年出栏基本上要 1000 头以上。二是养殖场的生物安全水平需要达到较高的标准。因此，现在的代养模式是以上市公司等头部企业为核心龙头，并且与中小规模养殖户紧密相连。综上所述，畜牧业企业作为畜牧业经济主体地位越发凸显，研究畜牧业企业的高质量发展对促进整个畜牧业的高质量发展至关重要。

---

① 资料来源：《"十四五"全国畜牧兽医行业发展规划》，https：//www.gov.cn/zhengce/zhengceku/2021 - 12/22/5663947/files/fd62c2ed4d3d450e8b0f87c2dc8ff326.pdf。

② 资料来源：《中华人民共和国 2023 年国民经济和社会发展统计公报》，https：//www.stats.gov.cn/sj/zxfb/202402/t20240228_1947915.html。

③ 资料来源：巨潮资讯网站的上市公司年报，网址：http：//www.cninfo.com.cn/new/index。

3. 创新是驱动高质量发展的第一动力，科技投入是创新的重要保障

科技是第一生产力，创新是引领发展的第一动力。党的二十大报告指出，要坚持创新在我国现代化建设全局中的核心地位。2024 年的《政府工作报告》提出，要加快发展新质生产力，扎实推进高质量发展。新质生产力是高质量发展的强劲推动力和支撑力，而创新又在发展新质生产力中起主导作用。由此看来，创新是推动畜牧业高质量发展的重要驱动力。在畜牧业中，畜禽良种、生物饲料技术、智能化技术、畜禽疫苗研发与应用，以及畜禽疫病智能诊疗技术等能有效地提高畜禽养殖生产效率、降低养殖成本、增强畜禽免疫能力和改善动物福利（邓雪娟等，2019；王启贵等，2019；李奇峰等，2021；Neethirajan，2020；Zhang et al.，2024），有利于推动畜牧业的高质量发展。

科技投入是创新的重要保障，为创新活动提供必要的资金支持、人才资源和环境保障。首先，科技投入在资金支持方面起着至关重要的作用。创新活动，无论是基础研究、应用研究还是试验发展，都需要大量的资金投入。资金投入的增加可以确保创新活动的顺利进行，推动科技领域的进步和突破。其次，科技投入有助于汇聚人才资源。创新活动离不开优秀的科学家、工程师和研究人员的参与。通过加大对科研人员的培养和引进力度，科技投入可以吸引更多的人才投身于创新事业，形成具有核心竞争力的创新团队。此外，科技投入还能够优化创新环境。这包括建设科研基础设施、完善创新政策体系、加强知识产权保护等方面。一个良好的创新环境能够为创新活动提供有力的支持和保障，促进创新成果的产生和转化。

4. 畜牧业企业作为畜牧业创新主体的地位更加突出，但畜牧业企业研发投入强度明显偏低

随着畜牧业企业的规模和经济总量不断扩大，畜牧业企业投入研发活动的经费也不断提升。数据显示，2022 年，中国研究与开发机构中畜

牧业研发投入金额为 19.3 亿元；高等学校畜牧和兽医学科研发投入金额为 15.1 亿元;[①] 而 70 家涉及畜牧业的上市公司 2022 年的研发投入金额为 129.3 亿元;[②] 畜牧业企业已然是畜牧业科技创新的主体。从畜牧业科技投入的增长趋势来看，科研机构和高等学校畜牧业科技投入经费之和从 2012 年的 15.1 亿元提高到了 2022 年的 34.4 亿元，年均增长率为 8.6%；而通过筛选出 41 家 2012~2022 年均有公布研发投入数据的畜牧业企业发现，41 家畜牧业企业的研发投入经费从 2012 年的 21.1 亿元提高到了 2022 年的 113.2 亿元，年均增长率为 18.3%;[③] 畜牧业企业研发投入年均增长率比科研机构和高等学校高将近十个百分点，畜牧业企业作为畜牧业创新主体的地位更加突出。但是，与发达国家相比，中国畜牧业整体科技水平仍然较低，特别是畜禽种质资源存在"卡点"（程郁等，2022）、育种核心技术创新滞后且与先进国家存在较大差距（张利庠和罗千峰，2023）。畜牧业科技水平较低的主要原因是畜牧业企业的研发投入力度不足（程郁等，2022）。通过数据整理发现，2007~2021 年，中国畜牧业上市公司样本企业的平均研发投入强度（研发投入金额与营业收入的百分比）为 2.01%。2007~2021 年，中国所有上市公司的研发投入强度的均值为 6.47%。[④] 这说明，中国畜牧业企业的研发投入强度较低，与国内上市企业的平均水平存在较大差距。

5. 问题的提出

基于以上背景，本书拟提出以下几个问题。第一，畜牧业高质量发展是什么？究竟什么样的发展才是畜牧业的高质量发展，是否能用相应的指标将其科学地刻画出来？第二，基于创新是驱动高质量发展的第一动力，科技投入是创新的重要保障。那么，畜牧业科技投入和技术创新

[①] 资料来源：《中国科技统计年鉴 2023》。
[②③④] 资料来源：作者从国泰安数据库（https://data.csmar.com）下载相关资料并整理得到。

的作用效果如何？以及它们又是如何影响畜牧业高质量发展的？第三，畜牧业企业作为畜牧业经济主体，其高质量发展又该如何实现？畜牧业企业的科技投入和技术创新会对其高质量发展产生影响吗？影响的机理是什么？第四，畜牧业企业作为畜牧业创新主体，其创新积极性又该如何激发？如何提升畜牧业企业的研发投入强度？要回答以上问题，需要从理论、实证和实践三个层面对科技投入、技术创新对畜牧业高质量发展和畜牧业企业高质量发展影响机理，以及如何提升畜牧业企业研发投入强度进行深入的探讨。

1.1.2 研究意义

通过对已有理论和文献的梳理，利用宏观层面的统计数据、微观层面的企业数据以及实地调研的案例数据，分别从宏观、微观和案例的角度深入探究科技投入、技术创新对畜牧业高质量发展的影响机理，并进一步探讨畜牧业企业研发投入强度的提升路径，最终为促进畜牧业高质量发展提出相应的对策建议，这些研究具有重要的理论意义和现实意义。

1. 理论意义

第一，通过对畜牧业高质量发展的内涵界定和指标体系测度，能够弥补高质量发展理论研究在畜牧业方面的不足。自党的十九大首次提出高质量发展之后，诸多学者便开始探究高质量发展的内涵与指标，但绝大多数文献重点关注全国的高质量发展或者制造业等领域，对畜牧业的高质量发展关注较少。本书结合畜牧业现阶段的发展特点和产业特性，系统地阐述了畜牧业高质量发展的内涵，并根据其内涵尽可能地收集相关数据来准确地测算出各省份畜牧业高质量发展水平，使畜牧业高质量能够更清晰地呈现出来。

第二，沿着"畜牧业高质量发展—技术创新—科技投入—科技投入提升路径"的分析思路和框架，系统地研究了畜牧业科技投入、技术创新对畜牧业高质量发展的影响，扩充了创新驱动发展理论、经济增长理论、空间经济理论等在畜牧业方面研究的应用。

第三，从省级层面、微观企业层面和案例层面系统地研究了科技投入、技术创新对畜牧业高质量发展的影响路径，并基于外部性理论、委托代理理论和企业生命周期理论详细地研究了政府补贴对畜牧业企业研发投入强度的影响机制。

2. 现实意义

第一，为促进畜牧业高质量发展提供科学依据。当前畜牧业高质量发展仍面临不少的困难和挑战，通过利用省级面板数据，从宏观层面探究科技投入和技术创新对畜牧业高质量发展的影响机理，有助于进一步厘清畜牧业高质量发展的提升路径，为国家层面政策决策提供依据。第二，利用畜牧业企业数据实证分析科技投入、技术创新对畜牧业企业高质量发展的影响，所得结论有利于帮助企业找到提升发展质量和竞争力的路径。第三，通过案例分析技术创新推动畜牧业高质量发展的机理，为促进畜牧业高质量发展提供可参考的实践案例。第四，使用企业层面数据探究畜牧业企业研发投入强度的提升路径，有助于激发企业的创新积极性，从而提升整个畜牧业的科技创新水平，促进畜牧业实现高质量发展。

1.2 相关文献综述

1.2.1 畜牧业高质量发展的内涵、测度及影响因素研究

1. 关于畜牧业高质量发展的内涵研究

自党的十九大提出高质量发展之后，高质量发展便成为学界的研究

热点，主流观点主要从人民需求、创新、协调、绿色、开放、共享等角度阐述高质量发展的内涵（金碚，2018；赵剑波等，2019；高培勇等，2020；张留华等，2023）。一些学者根据畜牧业发展的现状和特点，也提出了畜牧业高质量发展的内涵。陈伟生等（2019）认为按照高质量发展要求，畜牧业发展应该突出绿色生态导向，把工作重心由产品产量向质量效益转变，发展资源节约型、环境友好型和生态保育型畜牧业。2020年，《国务院办公厅关于促进畜牧业高质量发展的意见》中阐述的畜牧业高质量发展主要包括产出高效、产品安全、资源节约、环境友好、调控有效等方面的内容。于法稳等（2021）以生态、绿色、高效、产品质量、竞争力、经济效益为主要内容构建了畜牧业高质量发展的概念。王明利等（2022）认为畜牧业高质量发展的基本内涵是实现"优质、高效、安全、环保"，即畜产品质量安全性高、畜牧业生产效率高、畜牧业发展环境友好、畜禽疫病防控能力强。熊学振等（2022）则认为畜牧业高质量发展的内涵应该包括绿色循环发展、供给提质增效和经营管理优化。李军等（2022）认为畜牧业高质量发展的内涵应重点体现生态、绿色、高效、质量标准化、产品质量安全、经济效益、优质畜禽产品。李春雷等（2023）从发展过程高质量和发展结果高质量两个方面出发，认为畜牧业高质量发展包括畜牧业的发展动力结构、发展方式、发展环境和发展结果。

2. 关于畜牧业高质量发展的测度研究

畜牧业高质量发展的测度主要是根据其内涵从产出导向来选取相关指标。熊学振等（2022）在绿色循环发展、供给提质增效、经营管理优化3个维度下，具体分为了要素循环利用、污染有效处理、资源充分供给、产出效率提升、生产数量充足、管理水平提高、流通体系完善、科技创新支持8个方面，在这8个方面下又有15项具体指标。卫增等（2021）通过对《国务院办公厅关于促进畜牧业高质量发展的意见》以及2021~2024年中央一号文件对生猪产业发展的要求，提出生猪高质量发展的特征是医疗服务能力强、饲料供给能力强、供应保障能力强、加工能力强、现代化养殖水平高和绿色发展水平高,从生猪产业高质量发展的"四强两高"特征出发,构建了一个包含 20 个指标的评价体系。卢泓钢等(2022)则从畜牧业产业链的上游、中游、下游、资源化利用 4 个维度构建指标体系。

由于对畜牧业高质量发展测度的研究还较少,本书也参考借鉴农业高质量发展的测度。关于农业高质量发展的测度研究,一些研究从投入的角度出发,利用省级层面的面板数据计算出农业全要素生产率作为农业高质量发展的代理变量(Gong,2020;李谷成等,2011)。之后,相关研究进一步聚焦农户层面的全要素生产率(王璐等,2020)和农业绿色全要素生产率(金芳等,2020)。一些研究则从产出的角度出发,通过构建指标体系来衡量农业高质量发展水平。韩海彬(2017)从农业增长的效率、结构、稳定性、福利和环境代价 5 个评价维度,构建包含农业全要素生产率、劳动生产率、农业结构、种植业结构、农业经济波动率、农村人力资本水平、农村居民人均纯收入、单位产出大气污染程度和水污染程度 9 个基础指标的农业增长质量综合评价指标体系。而后辛岭等(2019)从供给增效、绿色发展、产业融合以及规模生产 4 个方面 8 个一级指标测算了 31 个省(区、市)的农业高质量发展水平。此后,诸多学者对农业高质量发展水平进行了评价,其指标体系主要包含:农产品质量(代表性指标:农产品检测合格率、绿色农产品供给比重、绿色农产品产地面积比重等)、生产效率(农业土地产出率、农业劳动生产率、农业机械化率等)、绿色发展(农作物秸秆综合利用率、农药/化肥施用强度、万元农业 GDP 耗能、畜禽养殖废弃物资源化利用率)、国际竞争力(贸易竞争力指数、国际市场占有率等)、经济效益(农村居民家庭人均可支配收入等)、产业效益(农副产品加工业产值占比、农林牧渔服务业总产值占比等)、经营组织效率(农户规模经营指数、土地集约经营指数、农户组织化程度等)、经营者素质(初中及以上农业劳动力比例等)

（黄修杰等，2020；王静，2021；董艳敏，2021）。

3. 关于畜牧业高质量发展的影响因素研究

根据以上文献综述可知畜牧业高质量发展包含畜产品质量高、生产效率高、养殖废弃物资源化利用率高、现代化养殖水平高、绿色发展水平高、畜禽疫病防控能力强、畜产品供应保障能力强、饲草料供给能力强、畜产品加工能力强等诸多方面，故本书对有利于提高以上方面内容的因素都尽量纳入综述范围，将畜牧业高质量发展的影响因素主要总结为以下几个方面：

① 规模化。已有研究发现，养殖规模的扩大能够降低生猪的饲养成本（王明利等，2022），且规模化养殖很大程度上提高了我国肉鸡、奶牛生产效率（辛翔飞等，2013；刘希等，2017；Tittonell et al.，2020）。但是，规模化水平的提高也可能对畜牧业高质量发展造成一定的压力，如增加粪污治理成本和治理难度等（周晶和青平，2017；Pan et al.，2021）。

② 组织化。在养殖户加入养殖专业合作社，或与龙头企业合作、协会合作后，合作组织会为散户提供市场服务，通过实施订单收购的方式形成计划投放，为散户解决产品销售难题，同时也会对收购的产品质量进行检查，确保产品质量合格（Cai et al.，2016；Teng et al.，2022）。通过组织化，分散的小规模养殖户能够得到合作组织的技术指导，提升饲料转化率、养殖技术效率、畜产品质量，同时也能有效降低养殖户风险，增加收入，改善农户要素投入，实现畜牧业可持续发展（万俊毅，2008；Boubacar et al.，2016；侯晶等，2018；王欢等，2019；毛慧等，2019）。此外，已有文献也表明组织化还能有效地提升畜禽废物资源化利用水平、降低规模养殖户碳排放（闵继胜和周力等，2014；舒畅等，2017；李刚，2021）。

③ 机械化。机械能够替代劳动从而提高劳动生产率，甚至能够提高

土地利用率（Peter，2010）。同时，农业机械化也可以通过劳动力转移间接作用于非农收入增长（李谷成等，2018）。与农业机械化类似，使用畜牧机械也有助于提高畜牧业劳动生产率、土地生产率和增加牧民收入（Zhu et al.，2015）。已有研究表明，机械化能显著提升蛋鸡规模养殖效率（罗志楠，2020）。此外，畜牧业机械在养殖饲喂、牧草收获、饲料收获、饲料加工、屠宰加工、畜禽舍除粪及粪便处理的应用将能够显著地提升我国畜牧业整体的生产效率（Frolov et al.，2016；Yan et al.，2024）。

④ 信息化。信息技术已经在畜禽养殖、疫病防疫等多个方面发挥了重要作用。例如，电子标志技术通过分析动物的活动时间、发情频率等，能够有效管理禽畜繁殖情况，提高繁殖效率。应用与养殖场的 App 软件通过记录畜禽生产情况，可追溯畜产品品种、疫苗、产地等，提升畜产品质量安全能力（Bai et al.，2017）。此外，养殖户通过互联网可以随时了解畜产品价格、供求变化等信息，降低经营风险，保持竞争力（张友明等，2020）。

⑤ 技术创新。促进畜牧业高质量发展可以通过提高养殖规模化水平、提升组织化程度、提高机械化程度、提升信息化水平等方面来实现，但是这些方面都依赖于相关的技术，规模化养殖需要配套的先进厂房设备，组织化需要技术传递到农户才能提高农户生产水平，机械化程度的提升需要制造先进畜牧业机械，信息化水平的提升需要数字技术、智能化技术等。因此，畜牧业要实现高质量发展，根本出路在于技术创新。例如，一些研究表明畜禽良种、生物饲料技术、畜禽疫苗研发与应用，以及畜禽疫病智能诊疗技术等能有效地提高畜禽养殖生产效率、降低养殖成本、增强畜禽免疫能力（邓雪娟等，2019；王启贵等，2019；李奇峰等，2021），从而推动畜牧业的高质量发展。

⑥ 科技投入。畜牧业技术创新离不开科技投入，科技投入为畜牧业的技术创新提供了必要的资金和资源支持，推动了新技术、新设备和新方法的研发和应用，也促进了畜牧业高质量发展。首先，科技投入能

够促进畜牧业科技创新能力的提升，通过加大对畜牧业科研机构和企业的资金支持，可以提高其研发能力，推动畜牧业在遗传育种、动物营养、疫病防控等关键领域的技术突破，从而提升畜牧业的整体科技水平（Spada et al.，2019）。其次，科技投入可以加快畜牧业科技成果的转化和应用速度，将科研成果转化为实际生产力，提高畜牧业的生产效率和经济效益（Ratna et al.，2017）。此外，科技投入还可以用于畜牧业科技人才的培养和引进，为畜牧业的技术创新提供源源不断的人才支持。通过设立奖学金、研究基金等方式，吸引更多的优秀人才投身于畜牧业科技创新事业中。综上所述，科技投入是畜牧业技术创新的重要保障。只有持续加大科技投入力度，才能推动畜牧业的技术创新不断向前发展，为畜牧业的高质量发展提供有力的支撑。

1.2.2　技术创新对畜牧业高质量发展的影响研究

目前关于技术创新对畜牧业高质量发展影响的实证文章还未有，但是许多学者都认识到了技术创新对于促进畜牧业高质量发展的重要性，并强调应该通过技术创新来促进畜牧业高质量发展，因此，本节首先梳理技术创新对畜牧业高质量发展的影响机理，然后梳理技术创新对经济高质量发展或其他行业高质量发展的影响，以期相关研究能为技术创新对畜牧业高质量发展的影响提供借鉴。

已有文献多是从理论层面来阐述技术创新对畜牧业高质量发展的重要作用。于法稳等（2021）认为生物技术、信息化技术、智能化技术、物联网技术等技术的创新、应用与融合能够在畜牧业生产、流通、消费等方面发挥重要作用，从而促进畜牧业实现高质量发展。吴信等（2021）则更多强调从饲用资源开发技术、生态种养结合模式的创新、养殖废弃物处理技术、提升现代畜牧业设施装备水平与智能化管理水平等方面来促进畜牧业高质量发展。还有一些研究重点从育种技术、生物饲料技术、畜禽疫病智能诊疗技术、绿色生产技术、畜牧业机械化技术等方面来阐述技术创新对促进畜牧业高质量发展的重要作用（王启贵等，2019；陈秋红和张宽，2020；李奇峰等，2021）。

虽然暂时还没有关于畜牧业技术创新对畜牧业高质量发展的实证研究，但关于技术创新对经济高质量发展和其他行业高质量发展的实证研究已有不少。一些研究基于省级面板数据，主要从创新、协调、绿色、开放、共享等方面构建指标体系测算经济高质量发展水平，实证研究发现技术创新能够显著促进经济高质量发展，且技术创新能够在数字经济与经济高质量发展的关系中起到中介作用（宋洋，2020；薛阳等，2023）；或是技术创新能够在公众参与型环境规制与经济高质量发展的关系中起中介作用（胡德顺等，2021）；或是技术创新在绿色金融和经济高质量发展的关系中起中介作用（于波和范从来，2022；孟维福和刘婧涵，2023）；或是技术创新能缓解要素价格扭曲对经济高质量发展的不利影响（王晓云，2023）。也有研究基于省级面板数据，发现高技术产业技术创新与经济高质量之间呈现倒"N"形曲线关系（谢会强等，2021）。还有一些研究基于省级面板数据研究技术创新对农业高质量发展的影响。李红莉等（2021）基于通过计算各省农业绿色全要素生产率来代表农业发展质量，结果表明农业技术创新能够显著促进农业发展质量，且农村人力资本在两者之间起到中介作用。陈宇斌和王森（2022）通过增量、提质、提效3个层面构建指标体系测算农业高质量发展水平，结果显示，农业技术创新能够显著促进农业高质量发展，且具有同群效应，农地规模经营在两者关系中起到中介作用。张茜和俞颖（2023）基于地级市的面板数据发现，绿色技术创新能够促进城市高质量发展，且绿色技术创新能在绿色金融和城市高质量发展的关系中起中介作用。此外，也有一些研究关注到了企业技术创新对企业高质量发展的影响。吴浩强和胡苏敏（2023）使用企业全要素生产率来代表制造业上市企业高质量发展，研究发现，技术创新均能显著促进企业高质量发展，且在数字化转型和企业高质量发展中起中介作用。许志勇和韩炳（2023）通过构建指标体系测算所有上市企业高质量发展指数，研究发现，技术创新能够显著促进企业高质量发展，且技术创新在资产结构错配与企业高质量发展关系中起到部分中介作用。

1.2.3　科技投入对技术创新的影响研究

目前聚焦于畜牧业研究科技投入对技术创新的相关文献基本属于空白阶段，已有文献对科技投入影响技术创新的研究主要是从全国或省级层面数据，或是分科技创新主体（科研机构、高校和企业）来开展相关研究。一些文献利用全国或省级层面的时间序列数据研究发现，政府科技投入对专利申请授权量增长有激励效应（马大勇，2013），财政科技投入是技术创新的格兰杰原因（刘胜强和常丹丹，2014），长江经济带各省技术创新对政府科技投入有不同的响应程度（胡艳和詹翩翩，2017）。还有一些文献基于省级面板数据分析了政府科技投入对企业、高校和科研院所的影响差异，发现政府科技投入对高校的技术创新会产生杠杆效应，对科研院所的技术创新会产生挤出效应，对企业技术创新的效果则根据分位点情况而变化；此外，政府科技投入对不同主体技术创新的影响还会因东部、中部、西部而不同（张玉华和陈雷，2019；白恩来等，2023）。

不过，现有文献关于企业科技投入对其技术创新的影响研究更为丰富。为方便科技投入变量的量化，企业层面多使用研发（R&D）投入作为科技投入的代理变量。主要研究结论主要集中在以下几个方面。一方面，诸多文献主要以所有上市公司、制造业企业等为研究对象，研究发现，企业研发投入金额和研发投入强度均对企业创新绩效（用专利申请量来表示）有显著正向影响（Aarstad et al. , 2019；王羲等，2022；褚吉瑞，2023）。另一方面，一些研究将企业研发投入按照资金来源分为企业自有资金投入、政府资金投入、金融机构贷款、国外资金等，发现不同类别的研发投入对企业创新绩效具有差异。例如，企业自身研发投入能够显著提升大中型工业企业创新绩效，但政府资金和金融机构贷款的影响不显著（张艳辉，2012）。卢现祥等（2022）研究发现，企业自有资金的研发投入强度能显著提升上市公司企业创新能力，而政府和国外资金的研发投入强度会显著抑制企业创新能力。此外，还有一些研究更深入地探讨了研发投入对企业创新绩效的影响机制。刘志强和卢崇煜（2018）研究发现，地区市场规模、地区市场竞争程度均在研发投入对规模以上制造业企业创新绩效的影响关系上有显著负向调节作用。胡伟等（2023）研究发现，政策激励规模能够正向调节研发投入对上市企业创新绩效的影响。宋广蕊等（2023）研究发现，研发投入同群效应对上市企业的创新数量和创新质量均有显著提升作用。

1.2.4 企业研发投入的影响因素研究

企业是市场经济和创新的主体，提升企业研发投入是政府、学界以及企业家共同关心的热点问题，现有文献对企业研发投入影响因素的研究非常丰富。通过梳理，发现能够影响企业研发投入的因素主要有政府补贴（Bronzini and Piselli，2016；王晓燕等，2021；张玉昌等，2024）、政治关联（谢瑞平和赵璐，2023）、税收优惠（董黎明等，2020；向海燕和刘欣欣，2023）、管理者从军经历（郎香香和尤丹丹，2021）、董事长海外背景（魏彦杰等，2021）、知识产权保护（余长林和池菊香，2021）、高管激励（邱强和卜华，2021；郝清民和张欣悦，2023）、融资约束（肖春明和岳树民，2022）、董事会特征（陈健等，2022）等。在这些影响企业研发投入的因素中，政府补贴是最受关注的。除研发投入具有高投入和高风险的特点外，创新的正外部性使部分企业容易"搭便车"（Arrow，1972），导致企业研发投入积极性受损，从而进一步削弱企业进行研发的积极性，引发市场失灵。为解决由创新的正外部性导致的市场失灵，政府补贴被广泛用于各种类型的企业，研究政府补贴是否能够促进企业研发投入一直是研究热点。然而，政府补贴对企业研发投入的影响究竟如何一直存在争议。一些研究认为，政府补贴能够促进企业研发投入的提升（Bronzini and Piselli，2016；王晓燕等，2021）；而也有研究持相反观点，认为由于信息不对称、寻租行为、交易成本上升等问题的存在，政府补贴对企业研发投入具有"替代作用"，会抑制企业的研发投入（Dai and Cheng，2015；周燕和潘遥，2019）；此外，还有研究认为政府补贴与企业的研发投入并非简单的线性关系（尚洪涛和黄晓硕，2018）。

通过文献梳理发现，政府补贴对企业研发投入的影响不尽一致的重要原因是政府补贴类型的不同。政府研发补贴是政府为支持企业开展研发活动而给予企业的一定额度的计划性资金支持（蒋舒阳等，2021）；而政府非研发补贴目的是促进企业开展非研发活动。政府发放研发补贴与非研发补贴的目标是不同的，不同的补贴形式对企业研发投入的影响方式和作用效果也存在明显差异。此外，现有研究表明，政府研发补贴和非研发补贴对企业研发投入的具体影响效果在中小企业、新创企业、制造企业等不同类型的企业之间也可能存在差异（张杰等，2015；吴伟伟和张天一，2021；姚林香等，2022）。

企业高管是企业创新活动的决策者和管理者，对企业研发投入有着重要影响。作为一种长效激励方式，赋予高管股权激励不仅能够给予高管股东身份，还能够使高管享有企业剩余收益的索取权和分配权，因而是解决委托代理过程中可能出现的道德风险和逆向选择问题的一项重要举措。现有文献分析表明，对高管实施股权激励与企业研发投入存在正向、负向和非线性等多种关系。但是，绝大多数研究发现，高管股权激励能够促进企业的研发投入（Lu et al.，2020；邱强和卜华，2021；郝清民和张欣悦，2023）。

1.2.5　文献述评

已有文献对科技投入、技术创新、高质量发展、企业研发投入行为等方面进行了大量的研究，为本书奠定了坚实的研究基础，但仍有一些方面值得进一步研究。

第一，已有一些研究对畜牧业高质量发展的内涵进行了界定，其关注的重点主要在畜产品质量安全性高、畜牧业生产效率高、畜牧业发展环境友好、畜禽疫病防控能力强等方面，但是其研究目前还多停留在理论层面，根据畜牧业高质量发展的内涵构建相关指标体系来衡量畜牧业高质量发展水平的文献还较少。

第二，目前已有一些学者关注到了技术创新对畜牧业高质量发展的重要性，并建议通过技术创新来促进畜牧业高质量发展，但现有文献多停留在理论层面，尚且缺乏相关实证研究来证实技术创新是否能够真正促进畜牧业高质量发展，也缺乏相应的案例研究来剖析创新影响畜牧业高质量发展的路径机理。

第三，现有文献关于科技投入对技术创新影响、技术创新对高质量发展的影响较多，但将畜牧业科技投入、技术创新和畜牧业高质量发展纳入一个完整框架进行实证分析的研究还较少。

第四，现有对企业高质量发展和研发投入的研究较多，但这些文献的研究对象主要集中在我国上市公司所有企业、制造企业、科技型企业，以畜牧业企业为研究对象的文献寥寥无几。有必要结合畜牧业企业的自身特点，深入分析科技投入、技术创新对畜牧业企业高质量发展的影响。

第五，鉴于不同类别的政府补贴政策目标不一致，那么对于畜牧业企业而言，政府研发补贴和非研发补贴会对其研发投入产生何种影响？高管股权激励在政府补贴影响畜牧业企业研发投入的过程中能够发挥怎样的作用？这些问题也需要结合畜牧业企业的数据进一步探究。

1.3 研究目标、内容与技术路线

1.3.1 研究目标

本书的核心研究目标是从科技投入、技术创新的角度探究促进畜牧业高质量发展的路径。为达到这一核心研究目标，将其具体分为以下几个子目标。第一，对畜牧业高质量发展的内涵进行清晰地界定，并构建相关指标体系对其进行测度。第二，利用省级面板数据、微观企业数据和调研案例数据，从宏观、微观和个案来探究科技投入、技术创新对畜牧业高质量发展的影响。第三，为进一步激发畜牧业企业的研发投入强度，从政府补贴的视角探究其对畜牧业高质量发展的影响机理。最终得到的结论以期为促进畜牧业高质量发展提供依据。

1.3.2 研究内容

本书的主要研究内容如下：

第一，科技投入、技术创新对畜牧业高质量发展影响的理论分析。首先，对畜牧高质量发展、科技投入、技术创新、政府补贴等概念进行界定；其次，基于创新驱动发展理论、经济增长理论、外部性理论、委托代理理论、企业生命周期理论等内容提出本书的研究假说，构建研究框架。

第二，我国畜牧业科技投入现状与问题。首先，对我国畜牧业科技体制的发展与结构进行了梳理和总结，并介绍了参与畜牧业科技活动主体的基本情况；其次，基于《全国农业科技统计资料汇编》、《中国科技统计年鉴》以及上市公司年报数据等，对我国畜牧业科研机构、高等学校、畜牧业企业的科技投入进行分析；最后，总结当前我国畜牧业科技投入存在的问题。

第三，科技投入、技术创新对畜牧业高质量发展的影响——基于省级面板数据。首先，对我国 31 个省（区、市）畜牧业高质量发展水平的测算。其次，构建省级面板数据，使用空间杜宾模型和中介效应模型验证科技投入和技术创新对畜牧业高质量发展的影响机理。

第四，科技投入、技术创新与畜牧业企业高质量发展——基于上市公司的数据。通过收集整理畜牧业企业上市公司数据，用畜牧业企业全要素生产率表征畜牧业企业高质量发展水平，采用固定效应模型、中介效应模型、工具变量法、倾向性得分匹配（PSM）等方法探究微观企业层面的科技投入和技术创新对畜牧业企业高质量发展的影响。

第五，技术创新如何推动畜牧业高质量发展——基于楼房养猪模式的案例分析。通过实地调研广西扬翔股份有限公司、河南牧原食品股份有限公司、湖北中新开维现代牧业有限公司三家大型畜牧业科技企业，使用案例研究方法深入分析近几年迅速发展起来的楼房养猪新技术对推动生猪产业高质量发展的作用，探究技术创新推动畜牧业高质量发展的实践经验。

第六，政府补贴如何影响畜牧业企业研发投入强度。畜牧业企业是畜牧业科技创新的主体，为进一步研究如何激发畜牧业企业科技创新活力，基于中国畜牧业上市公司数据，从企业生命周期和高管股权激励的视角探究了政府补贴对畜牧业企业研发投入强度的影响，并根据企业所有权性质、地区差异、行业差异分析了此影响的异质性。

1.3.3 技术路线

本书的技术路线如图 1-1 所示。

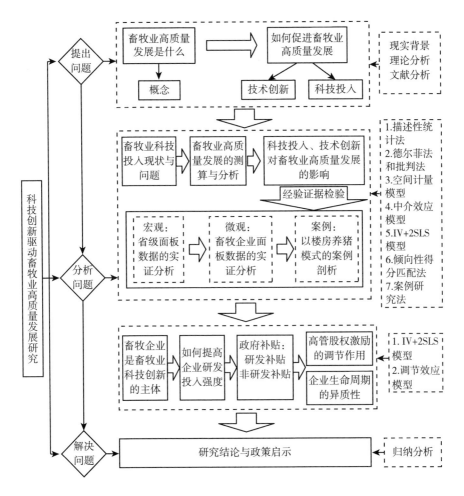

图1-1 本书的技术路线

1.4 研究方法与研究数据

1.4.1 研究方法

本书所采用的典型研究方法如下。

1. 文献分析法

通过中国知网、超星、维普、Elsevier、SCI、Springer、Wiley、EBSCO 等数据库和网站收集与畜牧业高质量发展、科技投入、技术创新、政府补贴等相关的国内外文献，了解国内外研究进展，掌握当前前沿研究成果，同时对畜牧业高质量发展、科技投入、技术创新、政府补贴的概念进行准确界定。综合运用创新驱动发展理论、经济增长理论、空间经济理论、外部性理论、委托代理理论、生命周期理论和计量等多学科的理论和方法，分析科技投入、技术创新对畜牧业高质量发展的影响，搭建整个研究的理论框架。

2. 描述统计法

本书对畜牧业科研机构、高等学校、畜牧业企业的科技投入金额和强度、畜牧业高质量发展水平、政府补贴等主要变量进行描述性统计。首先，从统计上描述我国畜牧业科技投入现状和趋势等基本情况，得到畜牧业科技投入面临的一些问题；其次，从统计上描述我国畜牧业高质量发展水平及特征，得到初步的一些结论，为进一步研究奠定基础。此外，在实证分析前对一些主要变量进行描述性分析，更清晰地刻画样本的情况。

3. 经济计量分析方法

结合客观赋权法的德尔菲法和主观赋权法的批判法（CRITIC）两者优势，对我国畜牧业高质量发展水平进行测算。采用空间杜宾模型、工具变量两阶段最小二乘回归模型、倾向得分匹配法、中介效应模型等经济计量方法验证本研究中所提出的假说。首先，采用空间杜宾模型、中介效应模型等方法分析省级层面的科技投入、技术创新对畜牧业高质量发展的影响；其次，采用工具变量法、中介效应模型、倾向性得分匹配（PSM）等方法研究企业科技投入、技术创新对畜牧业企业全要素生产率的影响；最后，使用工具变量法和两阶段最小二乘法研究政府补贴对畜牧业企业研发投入强度的影响。

4. 案例研究法

为深入探究技术创新如何影响畜牧业的高质量发展，以近年来迅速发展的楼房养猪技术模式为例，根据案例的典型性和代表性，选择了广西扬翔股份有限公司、河南牧原食品股份有限公司、湖北中新开维现代牧业有限公司三家大型畜牧业科技企业，并通过实地调研收集相关的数据和信息，总结归纳出楼房养猪技术模式促进生猪产业高质量发展的路径。

1.4.2　研究数据

为使研究结论更加客观、准确且有说服力，本书广泛收集了国家公布各类相关统计资料、畜牧业上市公司公布的年报数据、农业农村部的内部资料，以及实地调研的案例数据等，主要数据来源如下：

（1）关于畜牧业科技方面的数据，从相关年份《中国科技统计年鉴》、《全国农业科技统计资料汇编》、国泰安（CSMAR）数据库及各上市公司年报获取。需要说明的是，《中国科技统计年鉴》和《全国农业科技统计资料汇编》均有科研机构畜牧业科技投入数据，但由于《全国农业科技统计资料汇编》中统计科研机构畜牧业科技投入指标更加细致且年份更长，因此第3章用于科研机构的数据来源于《全国农业科技统计资料汇编》，而第5章为使数据口径保持一致，畜牧业科技投入的数据均来源于《中国科技统计年鉴》。《全国农业科技统计资料汇编》为农业农村部科技技术司编制的内部资料。畜牧业企业的科技投入数据主要来源于国泰安（CSMAR）数据库，若有缺失值从各上市公司年报确认补充。

（2）第4章畜牧业高质量发展相关指标和第5章实证分析中所使用的省级层面数据主要来源于相关统计年鉴、国家相关部门公布的统计数据及农业农村部内部数据。数据来源主要包括《中国科技统计年鉴》、国家知识产权局、中国农村合作经济统计年报、Wind 经济数据库和农业农村部内部数据。其中农业农村部内部数据主要包括各省份除生猪外的能繁母畜存栏量、各畜种产量、畜产品质量安全监测合格率、绿色畜禽产品累计认证数量、畜禽粪污综合利用率、规模养殖场粪污处理设施装备配套率、动物疫病免疫抗体合格率、主要动物疫病发病率、各畜禽养殖规模化率等数据。

（3）畜牧业企业层面的数据资料主要来源于国泰安数据库、各上市公司年报及实地调研。第 6 章和第 8 章关于畜牧业企业层面的实证分析数据主要来源于国泰安数据库，其中部分企业的某些指标在国泰安数据库中若有缺失，需要从各上市公司年报中搜寻，各公司年报从巨潮网①获得。案例分析中企业的相关数据指标来源于课题组的实地调研。

（4）第 7 章关于楼房养猪模式的案例研究的数据和素材来源于笔者实地调研和从公司负责人以及官网收集。笔者于 2023 年 7 月至 11 月相继赴广西贵港的扬翔股份有限公司、河南南阳的牧原食品股份有限公司，以及湖北鄂州的中新开维现代牧业有限公司三个公司开展深度的实地调查，通过对公司负责人、部门经理等人员的访谈和座谈，以及实地参观养猪楼房及配套设施等，整理形成了大量的一手访谈资料。此外，笔者也收集了三家公司对楼房养猪模式以及技术创新方面的总结材料，为本书开展深入的案例研究提供了有力的资料支撑。

1.5 | 主要创新点

第一，结合畜牧业发展的时代特点和产业特性，界定了畜牧业高质

---

① 巨潮网，http：//www.cninfo.com.cn/new/index。

量发展的内涵为"优质、高效、安全、环保",并从产品质量水平、生产效率水平、绿色发展水平和动物防疫水平四个方面构建指标体系,测算出畜牧业高质量发展水平。以往学界主流对畜牧业发展的界定通常过分强调现代化设施、设备和技术,本书界定的畜牧业高质量发展中的"高质量"重点突出目标和结果,即以畜牧业发展是否实现了"优质、高效、安全、环保"为评价标准来判断畜牧业高质量发展水平。

第二,将科技投入、技术创新与畜牧业高质量发展纳入了一个完整的分析框架,通过实证研究和案例研究相结合的方式,从宏观、微观、个案全面系统地研究了畜牧业科技投入、技术创新对畜牧业高质量发展的影响,发现科技投入能够通过促进技术创新来提升畜牧业高质量发展水平,研究结论为创新驱动畜牧业高质量发展提供了坚实的理论支撑和经验证据。

第三,本书以我国近年来迅速发展起来的楼房养猪模式为例,深入剖析楼房养猪模式蕴含的技术创新,基于广西扬翔股份有限公司、河南牧原食品股份有限公司、湖北中新开维现代牧业有限公司三个成功实践的楼房养猪典型案例,详细探索了技术创新推动畜牧业高质量发展的实现路径。

第四,为进一步提升我国畜牧业科技创新水平,本书系统梳理了在沪深 A 股上市的畜禽养殖、饲料生产、肉制品加工、乳制品加工和动物保健五个行业的畜牧业企业,将政府补贴细分为政府研发补贴和非研发补贴,探究两者对畜牧业企业研发投入强度影响的异质性。基于企业生命周期的视角,探究政府的研发补贴和非研发补贴对处于不同生命周期的畜牧业企业研发投入影响的异质性;并进一步探究高管股权激励在政府研发补贴影响企业研发投入强度过程中的调节效应。

第 2 章

概念界定、理论基础与研究框架

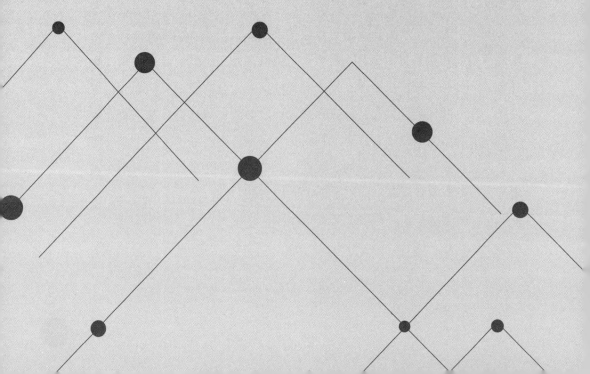

本章首先对书中涉及的核心概念进行界定，主要包括畜牧业高质量发展、科技投入、技术创新、政府补贴等。其次，对创新驱动发展理论、经济增长理论、空间经济理论、外部性理论、委托代理理论、企业生命周期理论进行梳理和总结，为后面的实证研究提供理论支撑。最后，在概念界定、理论基础、文献综述等内容的基础上提出研究假说和形成本书的研究框架。

2.1 概念界定

2.1.1 畜牧业高质量发展

党的十九大报告指出："我国经济已由高速增长阶段转向高质量发展阶段。"之后，诸多学者认为高质量发展的定义主要包括创新、协调、绿色、开放、共享等方面。后来，有学者开始结合畜牧业的生产实际，认为畜牧业高质量发展应由过去强调产品产量转向资源节约、环境友好和生态保育（陈伟生等，2019）。2020年，国务院办公厅发布了《国务院办公厅关于促进畜牧业高质量发展的意见》（以下简称《意见》），官方阐述畜牧业高质量发展主要包括产出高效、产品安全、资源节约、环境友好、调控有效五个方面。之后，诸多学者结合《意见》和自己的理解，提出了相应的畜牧业高质量发展的概念，于法稳等（2021）强调生态、绿色、高效、产品质量、竞争力、经济效益，王明利等（2022）强调优质、高效、安全、环保，熊学振等（2022）强调绿色循环发展、供给提质增效和经营管理优化，李军等（2022）强调生态、绿色、高效、质量标准化、产品质量安全、经济效益，李春雷等（2023）强调发展过程和发展结果两个方面。基于本书的研究目标，本书主要借鉴王明利（2022）对畜牧业高质量发展基本内涵的界定，即畜牧业高质量发展是实现"优质、高效、安全、环保"。需要说明的是，以往学界主流对畜牧业发展的界定通常过分强调现代化设施、设备和技术，本书界定的畜牧业高质量发展中的"高质量"重点突出目标和结果，即以畜牧业发展是否实现了"优质、高效、安全、环保"为评价标准来判断畜牧业高质量发展水平。本书认为畜牧业高质量发展水平主要体现在以下四个方面。第一，产品质量安全水平高。具体表现为：一是官方检测公布的畜产品安全性高。二是畜产品质量水平高，例如畜产品营养、肉质、口感等方面能够满足消费者对优质畜产品的需求。第二，生产效率水平高。具体表现为：一是畜禽个体的生产能力高，主要体现为产肉率、产蛋率、产奶率高。二是劳动生产率高。为消除价格因素对劳动生产率的干扰，本书认为的劳动生产率主要为畜牧业的物质劳动生产率。第三，绿色发展水平高。具体表现为畜禽养殖废弃物不污染大气、水体、土壤和植被等。第四，动物防疫水平高。具体表现为：第一，对已经发生的动物疫病能够有效免疫和持续净化。第二，对突发疫情能够进行科学处置和有效应对。综上所述，本书对畜牧业高质量发展的概念界定为畜牧业发展实现"优质、高效、安全、环保"，具体而言，为产品质量安全水平高、生产效率水平高、绿色发展水平高和动物防疫水平高。

2.1.2 科技投入

本书中出现的科技投入，是指畜牧业科技投入或畜牧业企业的科技投入。不过，在对畜牧业科技投入的概念进行界定前，先对科技投入的概念进行界定。科技投入是指支持开展科技活动的投入，有广义和狭义之分。广义的科技投入是指全社会为支持科技活动而投入的经费、人力等资源，包括科研资金、科研人员、物资支持、制度等多个方面。广义的科技投入不仅关注直接的金钱投入，还关注其他各种资源的配置和优化，以支持科技活动的顺利进行。狭义的科技投入则指科技活动中的科技经费的投入总量，其中研究与实验发展（Research and Development，R&D）经费是科技经费投入的核心部分，它是衡量一个国家或地区科技投入水平的重要指标。本书界定的畜牧业科技投入也有广义和狭义之分。广义的畜牧业科技投入是指为支持畜牧科技活动而投入的资金、人才、技术、设备等资源。狭义的畜牧业科技投入指的是投入畜牧业的研究与实验发展（R&D）经费。本书在理论分析中出现的科技投入多指广义的畜牧业科技投入。在实证研究中，由于需要量化的指标来对畜牧业或畜牧业企业的科技投入进行度量，因此实证研究中的科技投入指的是狭义的畜牧业科技投入或畜牧业企业科技投入，即畜牧业研发投入经费或畜牧业企业研发投入经费。

2.1.3　技术创新

技术创新的概念是美国经济学家熊彼特（Schumpeter，1934）在《经济发展理论》一书中首次的提出。熊彼特认为技术创新不仅包括开拓新产品、发现新材料，还涉及创造新的生产模式和发现新的市场，所以本书的技术创新是包含技术和经济的双重概念，不管是硬技术还是组织管理等方面的软技术，只要能够创造市场价值都被称为技术创新。本书所指的技术创新是指畜牧业技术创新，参考熊彼特对技术创新的定义，本书界定的畜牧业技术创新包括同样两个方面，一个方面是硬技术的创新，包括有关畜牧业的新技术、新设备、新产品、新工艺等方面的创新；另一方面是软技术的创新，包括有关畜牧业的政策制度、生产模式、组织管理等方面的创新。本书在理论分析中多使用以上对畜牧业技术创新概念的界定。限于以上概念在后续的实证分析中难以度量，故参考已有研究（王晓云，2023；吴浩强和胡苏敏，2023）的常用做法，在实证分析中使用专利数量来度量畜牧业技术创新。

2.1.4 政府补贴

本书界定的政府补贴，是指畜牧业企业从政府无偿获得的资产。畜牧业企业获得政府补贴主要有财政拨款、财政贴息、税收返还和无偿划拨非货币性资产。政府研发补贴是指政府以支持和鼓励畜牧业企业研发创新为目的，无偿给予畜牧业企业货币或者非货币形式的支持。就具体补贴种类而言，畜牧业企业获得的政府研发补贴包括政府对畜禽新品种培育、畜禽生产技术研发、饲料与营养技术研发、畜产品加工工艺研发、动物疫苗研发、新兽药研制、专利申请、人才项目申报等方面的资金支持。政府非研发补贴指不以激发企业研发创新为目的的补贴，畜牧业企业获得的非研发补贴包括固定资产投资、税收返还、社会保险补贴、畜禽生产补贴、畜禽粪污资源化利用补贴、进出口补贴等。

2.2 理论基础

2.2.1 创新驱动发展理论

创新驱动发展理论是一种强调以创新为核心驱动力来推动经济社会发展的理论。该理论的基础是熊彼特提出的创新理论（Schumpeter，1934）和波特基于钻石模型提出的创新理论（Porter，1990）。

熊彼特是最早提出创新理论的经济学家，他认为创新是经济发展的源泉。熊彼特将创新认为是对原有的资源组合重新排列后产生的新生产方式，并建立起新的生产函数，他将创新分为新的产品、新的工艺、新的要素投入、新的市场以及新的组织方式五种类型。熊彼得创新理论还将知识重组作为创新的来源，知识的增长和技术进步能够促进经济发展。

从微观层面来看，熊彼得认为企业生产率之所以存在巨大差异，根本原因在于企业之间知识积累的不同。熊彼得创新理论还强调企业家的重要作用，具有创新精神的企业家能够帮助企业生产要素实现新的组合，从而促进企业形成新质生产力。

美国战略学家、经济学家波特通过构建钻石模型，将国家经济发展分为四个阶段：生产要素驱动、投资驱动、创新驱动和财富驱动。他认为经济发展的主要驱动力会随着经济发展的不同阶段有所转换。在经济发展初期，经济增长的主要驱动力是自然资源、丰富的劳动力等生产要素。随着生产力逐渐发展，生产要素、投资、创新、财富等驱动经济增长的因素会逐渐增强并有交叉。波特认为从生产要素驱动到投资驱动，再到创新驱动的前三个阶段是经济逐渐走向繁荣的象征，财富驱动阶段意味着经济呈衰退趋势。

许多学者在熊彼得和波特思想的基础上进一步研究了创新驱动经济增长的机制。主要有以下三个方面。第一，技术进步与产业升级。创新通过推动技术进步，促进传统产业的改造升级和新兴产业的崛起。技术进步可以提高生产效率，降低成本，增加产品附加值，从而推动产业升级和经济增长。同时，新兴产业的出现和发展，为经济增长注入新的动力，带动相关产业链的发展。第二，知识溢出与人才集聚。创新活动往往伴随着知识的产生、传播和应用。知识溢出效应使创新成果不仅局限于创新主体，还能够惠及整个社会经济系统。此外，创新活动也吸引了大量人才的集聚，人才作为知识和技术的载体，为经济增长提供了源源不断的动力。第三，市场需求与竞争驱动。创新能够满足市场需求，推动消费结构升级，进而拉动经济增长。同时，市场竞争也是推动创新的重要力量。为了在竞争中获得优势，企业不得不加大创新投入，提高产品质量和服务水平，从而推动整个行业的进步和经济增长。

创新驱动发展理论对本研究具有启示作用。对于畜牧业而言，养殖技术、疫病快速诊断与防控技术等技术创新和应用可以大幅提升畜牧业的生产效率、降低生产成本，并保障畜产品的质量安全。畜牧业正面临从传统向现代、从粗放向集约的转型升级过程。创新驱动发展理论鼓励通过创新来推动产业结构的优化升级，对于畜牧业而言，可以通过培育新品种、开发新产品、探索新养殖模式等方式，提升畜牧业的整体竞争力和可持续发展能力。随着环保意识的日益增强，畜牧业也面临着绿色发展的压力。创新驱动发展理论强调通过创新来实现经济与环境的协调发展，对于畜牧业而言，可以通过研发环保型饲料、推广生态养殖技术、建立循环农业模式等方式，实现畜牧业的绿色发展，减少对环境的污染和破坏。

2.2.2 经济增长理论

古典政治经济学中，斯密（Smith）认为经济增长的主要源泉来自劳动分工和资本积累。李嘉图（Ricardo）在斯密的理论基础上进行研究，他指出经济增长的主要动力是土地、劳动和资本等生产要素的投入，但由于这些要素投入的边际报酬是递减的，这将导致经济增长终将停止。斯密和李嘉图都认为经济增长的主要动力是由于生产剩余的出现而产生资本积累，从而增加对劳动力的需求，进而扩大生产规模和产量，周而复始地推动经济增长。在新古典经济学中，经济增长理论得到了进一步的发展，比较有代表性的是索洛（Solow, 1957）提出的索洛增长模型，该模型将技术状况纳入了进来，其生产函数形式为：

$$Y = AK^{\alpha}L^{1-\alpha} \qquad (2-1)$$

其中，Y 代表总产出，K 代表资本投入量，L 代表劳动投入量，A 代表技术状况，参数 α 介于 0 和 1 之间。

将式（2-1）的生产函数取对数并求导，得到增长核算的关键公式：

$$\frac{\dot{Y}}{Y} = \alpha\frac{\dot{K}}{K} + (1-\alpha)\frac{\dot{L}}{L} + \frac{\dot{A}}{A} \qquad (2-2)$$

其中，"点号"表示对时间的导数，以 K 为例，$\dot{K} = \mathrm{d}K/\mathrm{d}t$，将上式简化为：

$$g_Y = \alpha g_K + (1 - \alpha)g_L + g_A \qquad (2-3)$$

其中，g_Y 代表总产出增长率；g_K 代表资本增长率；g_L 代表劳动增长率；g_A 代表全要素生产率（total factor productivity，TFP）。总产出增长率等于资本和劳动增长的贡献加上全要素生产率，全要素生产率无法直接计算出来，它是作为一个余值被计算出来。全要素生产率可以理解为产出增长中无法被定量衡量的那些因素的贡献，这些贡献因素包括技术、人力资本、制度、规模报酬、企业家才能等。通过增加资本、劳动等生产要素的投入实现的增长被称为"粗放式增长"；而通过全要素生产率的提高实现的增长被称为"集约式增长"，全要素生产率的提高实际上就是通过技术进步、制度创新、人力资本提升等方面来提高资源的利用效率。经济增长从"粗放式增长"向"集约式增长"方式的转变意味着更高质量的发展。

现有文献中，全要素生产率也被广泛应用于企业层面，在企业生产过程中，除去劳动力和资本等要素投入之外，其他所有影响产出的因素的综合效率。这些因素可能包括技术进步、管理效率、规模经济以及制度环境等。因此，全要素生产率的提升，意味着企业在多个方面都取得了进步，这是企业高质量发展的重要体现。因此，在已有研究中，企业全要素生产率被广泛作为企业高质量发展的代理变量。本书也将畜牧业企业的全要素生产率来代表畜牧业企业的高质量发展。

2.2.3 空间经济理论

空间经济理论是一个跨学科的研究领域，它结合了地理学、经济学、区域科学等多个学科的理论和方法，以探究经济活动在空间上的分布、结构、变化规律和相互作用机制。该理论主要关注在一定的地域范围内，各种经济活动如何布局，以及这种布局如何影响区域的经济增长、社会发展和环境质量。

空间经济理论的发展可以追溯到古典区位论，如德国经济学家杜能（Thunnen）的农业区位论和韦伯的工业区位论。这些理论主要探讨了农业和工业生产活动的最佳区位选择问题。随后，新古典区位论和新经济地理理论的出现，进一步丰富了空间经济理论的研究内容和方法。在空间经济理论中，一个重要的概念是"空间结构"，它指的是经济活动中各种要素和活动在空间上的分布和组合方式。这种空间结构不仅反映了经济活动的地理特征，也体现了各种经济活动之间的相互关系和依赖程度。另一个重要概念是"空间布局"，它主要关注经济活动在特定区域内的集聚和扩散过程，以及这种过程如何影响区域的经济效率和发展潜力。此外，空间经济理论还涉及一系列与空间相关的经济问题，如区域经济一体化、城市与区域发展、土地资源利用、交通与通信网络建设等。这些问题都需要考虑到空间因素对经济活动的影响，以及如何通过优化空间布局和结构来促进区域的可持续发展。

空间经济理论对本书也有重要的启示作用，空间经济理论强调资源在空间上的分布和配置对经济活动的影响。在研究科技投入对畜牧业高质量发展的影响时，应关注科技资源（如研发资金、技术人才、创新平台等）在不同地区的分布和配置情况。合理的空间布局可以更有效地利用科技资源，推动畜牧业的高质量发展。空间经济理论也启发本书应该考虑空间溢出效应，畜牧业科技投入和技术创新不仅会对本地区的畜牧业发展产生影响，还可能通过技术扩散、知识溢出等方式对周边地区产生积极影响。

2.2.4 外部性理论

外部性又可称为外部效应或溢出效应，是指一个经济主体在进行经济活动时，其行为可能对另一个经济主体产生的外部影响，这种影响并没有通过市场价格进行买卖，而是作为一种非市场性影响存在。这种外部影响可能是有利的，即正外部性；也可能是不利的，即负外部性。具体来说，外部性可以理解为当一个行动的某些效益或成本不在决策者的考虑范围内时，可能会产生一些低效率现象。换言之，有些效益可能会被无意中赋予未参与决策的人，或者某些成本被强加于他们身上。这种外部性是通过非价格机制传递的，即一方能够在未经另一方同意的情况下，通过非价格手段将自己的行为后果（无论是正面还是负面）强加给另一方。

根据外部性理论，创新活动具有正外部性（Arrow，1972）。由于创新活动的成果往往容易被其他企业模仿或利用，畜牧业企业可能担心自己的研发投入无法得到充分的回报，其研发积极性可能会降低。此外，研发投入本身具有较高的风险和不确定性。畜牧业企业可能面临技术难题、市场接受度低、资金压力等挑战，而正外部性的存在进一步增加了企业对于研发投入的顾虑。为解决由创新的正外部性导致的市场失灵，作为刺激创新水平提升的一项重要政策工具的政府补贴被广泛用于各种类型的企业，政府补贴在畜牧业企业的资源配置中逐步发挥引导作用。

2.2.5 委托代理理论

委托代理理论是制度经济学契约理论的主要内容之一。它建立在非对称信息博弈论的基础上，主要研究一个或多个行为主体根据一种契约，指定、雇佣另一些行为主体为其服务，同时授予后者一定的决策权利，并根据后者提供的服务数量和质量对其支付相应的报酬。委托代理理论倡导所有权和经营权分离，企业所有者保留剩余索取权（Berle et al.，1932）。在委托代理关系中，授权者被称为委托人，而被授权者被称为代理人。这种关系存在的核心在于,代理人与委托人在执行任务时可能存在信息不对称和利益冲突,进而可能导致资源浪费和效率下降(Ross,1973)。因此,委托代理理论强调对代理人的有效监督和管理,以确保其履行职责,同时避免其个人利益与企业利益发生冲突。在委托代理关系中,委托人需要设计最优的契约来激励代理人,以达到减少代理成本、提高经营效率和盈利能力的目的。

在畜牧业企业的经营管理中,作为委托人的股东追求企业长期价值的最大化,而作为代理人的管理层可能更关注企业的短期业绩和个人利益。这种利益冲突可能使高管在决策时偏离股东的最佳利益。由于研发活动的长期性和不确定性,高管可能会因为关注短期效益或担心失败而在决策时表现出谨慎甚至规避的态度(Bushee,1998)。高管股权激励是一种解决委托代理问题的可行机制。将管理层的利益与股东的利益绑定,可以激励管理层追求企业的长期价值创造。

2.2.6 企业生命周期理论

企业生命周期理论最初源于对企业成长和发展的动态观察与思考。海尔瑞(Haire,1959)首次提出,企业的成长符合生物学中的成长曲线,即企业也会经历出生、成长、成熟、衰老甚至死亡的生命周期。他认为,导致企业衰亡的原因在于企业管理上的局限性,这种局限性使企业无法适应外部环境的变化。随后,哥德纳(Gardner,1965)认为尽管企业和生物一样具有生命周期,但企业的生命周期具有其特殊性,因为企业可以通过变革和创新来延长其生命周期,甚至实现再生。在后续的研究中,企业生命周期理论得到了更为系统和深入的探讨。学者们开始尝试对企业生命周期进行更为细致的划分,并提出了不同的阶段模型。其中,初创期、成长期、成熟期和衰退期这四个阶段得到了普遍的认可(Adizes,1988)。每个阶段都有其独特的特点和挑战,企业需要采取不同的战略和决策来应对。

　　企业生命周期理论对本书研究政府补贴对畜牧业企业研发投入的影响具有深刻的启示作用。政府补贴对企业研发投入的激励效果如何，关键在于政府补贴与企业创新意愿的匹配程度。而生命周期是企业的重要特征，在政府补贴与企业创新意愿之间发挥着重要作用。根据企业生命周期理论，处于不同生命周期的企业在盈利能力、融资约束、战略目标等方面存在较大差异（代彬等，2023）。因此，基于企业生命周期视角分析政府补贴对畜牧业企业研发投入强度的影响，有利于更加全面地掌握畜牧业企业研发投入的规律，所得结论也可为政府对不同生命周期的畜牧业企业分类施策提供参考。

　　现有研究对生命周期的衡量方法主要有两种。一种是综合得分判别法。该方法一般依据销售收入增长率、存留收益率、资本支出率、公司年龄4个指标划分企业所属生命周期（代彬等，2023）。另一种方法是现金流法。该方法根据企业的经营现金流、投资现金流、筹资现金流的特征和规律来划分企业生命周期（Dickinson，2011；张辉等，2022）。与综合得分判别法需要人为打分相比，现金流法依据能够反映企业成长速度和盈利能力的现金流净额来确定企业的生命周期，客观性更强。因此，本书参照迪金森（Dickinson，2011）的做法，使用现金流方法先将畜牧业企业划分为初创期、增长期、成熟期、震荡期和衰退期5个阶段，具体的划分标准如表2-1所示。

　　由表2-1可知，初创期企业处于发展和扩张阶段，资金缺口大、筹资活动多，其投资现金流为负，筹资现金流为正。同时，初创期企业刚进入市场不久，还未形成稳定的盈利，故其经营现金流通常是负的。而增长期企业比初创期企业进入市场的时间更长，盈利能力不断增强，故经营现金流变为正，但其总体还处于投资建设阶段，因此投资现金流和筹资现金流与初创期企业保持一致。

表 2 -1   企业不同生命周期阶段的现金流组合类型

指标	成长期		成熟期	衰退期				
	初创期	增长期	成熟期	震荡期	震荡期	震荡期	衰退期	衰退期
经营现金流	–	+	+	–	+	+	–	–
投资现金流	–	–	–	–	+	+	+	+
筹资现金流	+	+	–		+	–	+	–

注：①经营现金流是指经营活动产生的现金流入与经营活动产生的现金流出之差额，投资现金流是指投资活动产生的现金流入与投资活动产生的现金流出之差额，筹资现金流是指筹资活动产生的现金流入与筹资活动产生的现金流出之差额；②" + "表示现金流大于 0，" – "表示现金流小于 0。

资料来源：笔者经过分析后整理所得。

在成熟期，企业市场份额逐步提升，销售收入比较稳定，能够继续从经营活动中获得正的现金流。此时的企业为保持市场竞争力，依然会保持较高的投资水平以实行差异化战略、提高生产效率，故投资现金流依然为负。不过，成熟期企业的资金较为充裕，会重点从筹资转向偿还债务，从而使筹资现金流为负。

在震荡期，企业的现金流符号因缺乏相关理论通常难以准确判断。震荡期企业的 3 种现金流可能为正，也可能为负，具体符号取决于市场竞争对企业的影响以及企业自身的决策。

在衰退期，企业的销售额逐渐减少，经营业绩下滑，故经营现金流为负。此时的企业为了偿还债务一般需要出售资产，所以投资现金流为正。衰退期企业筹资现金流的符号不确定，它取决于外部投资者对企业价值的评价。

从样本企业生命周期的特征来看，处于初创期和增长期的企业数量分别为 50 个和 266 个，占 564 个样本总量的比例分别为 8.9% 和 47.2%，这是因为样本企业均为上市公司，基本度过初创期，借鉴刘诗源等（2020）的研究，本书将初创期和增长期合并为成长期。处于震荡期和衰退期的企业数量分别为 48 个和 11 个，占样本总量的比例分别为 8.5% 和 2.0%。鉴于震荡期和衰退期企业样本较少，且两者特征相近，因此，本书将震荡期和衰退期合并为衰退期。最终，本书畜牧业企业的生命周期被划分为成长期、成熟期和衰退期三个阶段。

2.3 研究假设

基于前面的理论基础、文献梳理和概念界定，主要从以下三个方面提出相应的研究假设。首先，基于创新驱动发展理论、经济增长理论和空间经济理论等，从宏观层面提出关于省级层面科技投入、技术创新对畜牧业高质量发展影响的假设。其次，基于畜牧业企业作为畜牧业经济的主体地位越发凸显的背景，本书随即将研究视角从宏观层面转换到畜牧业企业微观层面，探究畜牧业企业科技投入、技术创新影响畜牧业企业高质量发展的路径，以期对宏观层面进行拓展和补充。根据经济增长理论，畜牧业企业全要素生产率反映的是除要素投入外，包括技术进步、管理效率、规模经济以及制度环境在内的其他所有影响产出的因素的综合效率，其是反映畜牧业企业高质量发展的重要指标，故从微观层面提出关于畜牧业企业科技投入、技术创新对其全要素生产率影响的研究假说。最后，基于创新的外部性、研发活动的高投入和高风险、畜牧业企业研发投入强度相对不足，以及政府财政趋紧的现实背景，从政府补贴的视角研究政府研发补贴和非研发补贴对畜牧业企业研发投入强度的影响；随后基于企业生命周期和高管股权激励的视角，深入探索了政府研发补贴对畜牧业企业研发投入强度的影响机理。

2.3.1 科技投入、技术创新对畜牧业高质量发展的影响

1. 科技投入对畜牧业高质量发展的影响

科技投入主要可以通过改善生产要素质量、提升知识存量等方面对

畜牧业高质量发展产生影响。

一方面，科技投入通过改善生产要素质量促进畜牧业高质量发展。科技投入提高生产要素质量是经济理论中最朴素的观点（Erdal et al.，2015）。科技投入通过改善生产要素质量，在促进畜牧业高质量发展方面发挥着至关重要的作用（Abraham et al.，2014）。首先，科技投入显著提升了畜禽品种的质量。通过基因工程、生物技术等手段，科研人员能够培育出抗病性强、生长速度快、肉质优良的新品种。这些优质品种不仅提高了养殖效益，而且为市场提供了更多样化、更高品质的产品，满足了消费者的需求。其次，科技投入优化了饲料配方和营养结构。借助现代营养学和饲料科学的研究成果，畜牧业可以开发出更加合理、高效的饲料配方。此外，科技投入还能推动饲料加工技术的创新，提高饲料的消化率和利用率。再次，科技投入能够改善养殖环境和管理条件。通过引入智能化养殖设备、自动化控制系统等现代化装备，畜牧业可以实现对养殖环境的精准调控和科学管理。最后，科技投入还能提升畜牧业从业者的素质和能力。通过加强科技培训和人才培养，畜牧业从业者可以掌握先进的养殖技术和管理知识，提高专业素养和技能水平。综上所述，科技投入通过改善畜禽品种、饲料、养殖环境和管理条件等生产要素的质量，促进了畜牧业的高质量发展。

另一方面，科技投入通过提升知识存量促进畜牧业高质量发展（Wang et al.，2013；Nin - Pratt et al.，2018）。首先，科技投入促进了畜牧业领域知识的积累与更新。通过资助科研项目、建立科研机构、加强国际合作等方式，科技投入为畜牧业领域的专家学者提供了研究平台和资源，使他们能够深入研究畜禽的生长发育规律、疫病防控、营养需求等方面的知识，不断推动畜牧业知识的更新和进步。其次，知识存量的提升推动了畜牧业技术的创新与应用。随着知识的积累，畜牧业领域的专家学者能够开发出更加先进、高效的养殖技术和管理方法。这些技术成果不仅提高了畜禽的生长速度和品质，降低了养殖成本，还提升了畜牧业的整体竞争力。最后，知识存量的提升还促进了畜牧业与其他产业的融合发展。随着畜牧业知识的不断更新和进步，畜牧业与农业、工业、服务业等领域的交叉融合也在不断加深。

此外，基于空间经济理论，科技投入对改善生产要素质量、提升知识存量等方面的积极影响不只局限于投入地区，可能还会对周边地区产生正面的外溢作用。要素质量的改善不仅能为科技投入地区所用，还能通过人才流动和技术转让等方式，为周边地区的畜牧业发展提供支持。畜牧业相关的知识也可能通过交流和传播的形式扩散到周围地区。

基于以上分析，本书提出研究假设 H1。

H1：科技投入会显著提升畜牧业高质量发展水平，且科技投入不仅会提升本地区的畜牧业高质量发展水平，还会提升周边地区的畜牧业高质量发展水平，即存在正向的空间溢出效应。

2. 技术创新对畜牧业高质量发展的影响

基于技术创新的概念界定和畜牧业高质量发展的内涵和测量，技术创新可以通过新产品、新技术、新设备、新工艺的发明与应用等硬技术创新，以及政策、模式、组织等方面的软技术创新来提升畜产品质量安全、畜禽生产效率、绿色发展水平、动物防疫水平，从而推动畜牧业实现高质量发展。技术创新推动畜牧业高质量发展的作用机制如图 2 - 1 所示。

第一，技术创新提升畜禽产品质量安全的机理。技术创新能够从畜禽生产的产前、产中和产后三个方面来提升畜禽产品质量安全（Boekel，2005；Birthal，2016）。在产前阶段，基因编辑等育种技术可以通过精准改良畜禽品种提高其抗病性、肉质品质等指标，从源头端提升畜禽产品的质量安全。在产中阶段，首先，植物提取物等新型饲料添加剂替代抗生素及其他药物有助于提升畜禽产品质量安全。其次，利用物联网和大数据等先进技术，建立智能化的畜禽养殖管理系统，实现对养殖环境、饲料、水源等关键要素的实时监控和精确管理;同时也有效地调控了温湿度和通风情况,改善动物福利,从而在生产过程中进一步保障畜禽产品质量安全。在产后阶段,一方面,先进的加工设备和技术能够控制加工过程的温度、湿度等参数,防止细菌滋生和食品变质;另一方面,生物传感器、纳米技术等食品安全快速检测技术可以迅速、准确地检测畜禽产品中的有害物质,提前发现和防止食品安全问题;此外,畜禽产品的追溯和溯源技术可以记录并追踪产品的生产、加工、运输等环节,确保畜禽产品质量和安全。

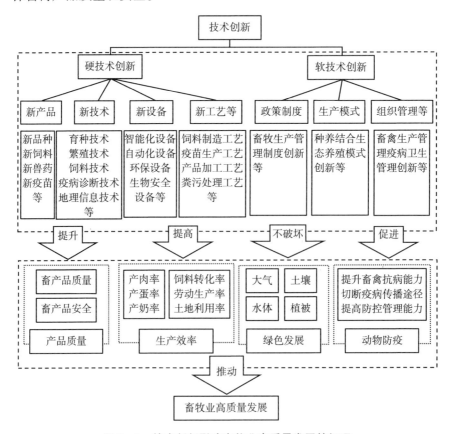

图 2-1　技术创新影响畜牧业高质量发展的机理

第二,技术创新提高畜禽生产效率的机理。首先,在育种方面,基因工程技术可以改良畜禽的遗传特性,提高其生长速度、抗病能力和繁殖能力（Mofakkarul et al.，2013）。例如，通过转基因技术引入生长激素基因，可以促进畜禽生长，提高饲料转化率、日增重、产肉率、产蛋率和产奶率等。其次，在繁殖技术方面，通过人工授精技术、胚胎移植技术、性别控制技术、干细胞技术等可以提高能繁母畜产奶仔畜数量、母奶牛数量等（Krehbiel，2013）。在动物营养与饲料技术方面，利用生物转化技术可以开发出更加营养丰富且适合畜禽消化吸收的饲料，通过研究饲料配方和加工技术，实现饲料的定制化和精确化，以满足不同畜禽的生长需求，提高其生产性能，降低料肉比（Banhazi et al.，2012）。在自动化技术方面，引入自动化技术和机器人技术，实现畜禽的自动喂养、自动清洁等工作，减少人工操作，提高劳动生产率（Groher et al.，2020）。在数字化、智能化技术方面，利用物联网、大数据、人工智能技术，对畜禽的生产过程和生理指标进行实时监测和分析，实现精细化管理；以此及时发现和解决问题，提高养殖效率和健康指标，最大限度地减少疾病和损失（Gabriel et al.，2021）。在养殖模式方面，创新的立体养殖模式能够节约土地资源，提高土地生产率。

第三，技术创新促进畜牧业绿色发展的机理。畜牧业的绿色发展主要体现在畜禽生产过程中产生的废弃物不污染大气、水体、土壤和植被。在养殖臭气治理上，首先，通过在饲料中添加益生菌、酶制剂等特定的添加剂可以促进畜禽消化，从源头上降低畜禽肠道中臭气的产生与排放；其次，研发和使用智能环保养殖设备可以及时地将养殖臭气集中输出到指定的处理区域；最后，通过生物过滤、臭气吸附和氧化以及化学等方法对养殖臭气过滤和转化为无害或低害的物质，有效降低畜禽养殖过程中臭气的排放，保护环境和人类健康（Toro-Mujica et al.，2021）。在粪污处理方面，首先，通过研发新型饲料配方可以降低动物对蛋白质和矿物质的需求，从而在源头端减少粪便中氮、磷和重金属的排放。其次，厌氧发酵和生物堆肥等技术可以将动物粪便转化为生物燃气和有机肥料，减少甲烷等温室气体排放的同时还为农业提供可持续的肥料来源；利用微生物制剂等高效的水体净化技术可以降低水体中的营养盐、有机物等污染物的含量，使粪水达标后排放（Khoshnevisan et al.，2021）。最后，种养结合等生态养殖模式的创新也有利于提升畜牧业环境友好程度。

第四，技术创新提升动物防疫水平的机理。首先，利用基因编辑技术和基因组学研究，通过改良动物基因组可以增强动物的抗病能力，有效降低疫病的发生和传播。其次，新的疫苗和诊断工具是防控动物疫病的关键，通过研发更有效、更经济的疫苗和诊断方法，可以帮助养殖者更好地预防和控制动物疾病。再次，生物安全技术如隔离设施、生物安全柜等可以控制疫病的传播，并帮助隔离患病动物；基于生物安全技术的高端设备如 PCR 仪器、测序仪等，可以提供高效、快速的病原检测和鉴定服务。最后，智能养殖技术如物联网、大数据、人工智能等可以帮助养殖者更准确地监测动物健康状况，提前发现疫情，及时采取措施（Pley et al.，2021）。通过利用分子流行病学研究方法，可以深入了解动物疫病的传播途径和病原体的遗传变异，有助于预测疫情趋势、改善疫苗设计和选择合适的防控策略（Zhang et al.，2024）。科学养殖和卫生管理方法的创新与推广也能够提高养殖者的防疫意识和能力。

第五，根据空间经济理论，畜牧业技术创新往往会产生技术溢出效应，即创新的技术、知识和管理经验会传播到临近地区。这种溢出效应有助于提升临近地区的畜牧业生产效率和产品质量等，从而推动其高质量发展。此外，一个地区在畜牧业技术创新方面取得的成就，往往会成为周边地区的榜样和示范。这种示范引领作用会激发临近地区学习、模仿和创新的热情，进而推动整个区域畜牧业的高质量发展。

基于以上分析，本书提出研究假设 H2。

H2：技术创新会显著提升畜牧业高质量发展水平。且技术创新不仅会提升本地区的畜牧业高质量发展水平，还会提升周边地区的畜牧业高质量发展水平，即存在正向的空间溢出效应。

3. 科技投入、技术创新与畜牧业高质量发展

科技投入通过技术创新在促进畜牧业高质量发展方面起到了至关重要的作用。首先，科技投入为畜牧业技术创新提供了必要的资金和资源支持。通过加大科技投入，畜牧业可以获得更多的研发经费，用于支持新技术、新方法的研发和应用。这些资金和资源使畜牧业有更多的机会去探索新的技术路径，解决生产中的难题，推动畜牧业的进步。其次，科技投入促进了畜牧业技术创新体系的建立与完善。随着科技投入的增加，畜牧业可以建立起更为完善的科技创新体系，包括科研机构、高校、企业等创新主体的协同合作，形成产学研紧密结合的创新模式。这种体系化的创新模式能够加速技术的研发和应用，提高创新效率，推动畜牧业的快速发展。此外，科技投入还有助于培养畜牧业科技创新人才。人才是科技创新的核心力量，科技投入可以支持畜牧业从业者技能提升和知识更新，提高他们的创新意识和能力，为畜牧业的高质量发展提供有力的人才保障。

基于以上分析，本书提出研究假设 H3。

H3：畜牧业科技投入能够通过促进畜牧业技术创新从而进一步提升畜牧业高质量发展水平。

2.3.2 科技投入、技术创新对畜牧业企业高质量发展的影响

1. 科技投入对畜牧业企业全要素生产率的影响

畜牧业企业全要素生产率是衡量畜牧业企业生产效率、技术进步和资源配置效率的综合指标，也是畜牧业企业高质量发展的重要表现。因此，本书将畜牧业企业全要素生产率来表示畜牧业企业的高质量发展水平。基于前面的理论分析和文献梳理，本书认为企业科技投入能够从以

下几个方面来提升畜牧业企业全要素生产率。第一，畜牧业企业增加科技投入有利于提升企业的知识存量和技术水平，从而通过改善产品生产工艺和提升员工技能来促进全要素生产率提升（Aarstad et al.，2019）。第二，畜牧业企业科技经费的增加能够向外界释放其重视科技创新的积极信号，从而吸引科技实力较强的企业和科研机构与其合作，进而推动企业技术水平的进一步提升（Liu et al.，2023）。第三，科技投入还有助于畜牧业企业培养和吸引高素质人才。在知识经济时代，人才是企业发展的重要驱动力。通过加大科技投入，企业可以吸引更多的科研人才和技术专家加入，为企业的发展提供强大的智力支持。同时，科技投入也可以为员工提供更多的培训和学习机会，帮助员工提升技能水平和综合素质，从而更好地适应岗位需求和市场变化。这些高素质人才的加入和员工技能水平的提升都有助于提高企业的创新能力和生产效率，进而推动全要素生产率的提升。

基于以上分析，本书提出研究假设 H4。

H4：科技投入能够促进畜牧业企业全要素生产率提升。

2. 科技投入、技术创新与畜牧业企业全要素生产率

科技投入为畜牧业企业提供了资金和资源，以支持新技术的研发和应用，而技术创新则是将这些科技投入转化为实际生产力的重要过程。首先，科技投入是企业进行技术创新的基础。畜牧业企业通过投入资金，引进先进设备、技术和人才，为技术创新提供必要的物质和人力保障。这些投入为企业创造了良好的创新环境，使企业能够更好地进行技术研发和试验。其次，技术创新是科技投入转化为全要素生产率增长的关键环节（Acs et al.，2003；Li et al.，2019；Li et al.，2021）。技术创新能够提升畜牧业企业的生产效率、产品质量和市场竞争力，从而带动全要素生产率的提升。通过技术创新，企业能够优化生产流程，降低生产成本，提高资源利用效率，进而提升企业的经济效益和社会效益（Bartz-

Zuccala et al.，2018；Xiao et al.，2022）。在这个过程中，技术创新起到了中介作用。它将科技投入转化为实际的生产力，使畜牧业企业能够更好地利用资源、提高全要素生产率。

基于以上分析，本书提出研究假设 H5。

H5：科技投入能够通过促进畜牧业企业技术创新从而提升企业全要素生产率。

2.3.3 政府补贴对畜牧业企业研发投入强度的影响机理

1. 政府研发补贴和非研发补贴对畜牧业企业研发投入强度的影响

政府研发补贴作为一项在创新领域的重要政策工具，主要可以通过资源获取和信号传递两个渠道对企业研发投入产生直接和间接的影响（吴伟伟和张天一，2021）。

从资源获取方面看，政府研发补贴是无偿拨付给企业的资金，这些资金不仅可以直接作为企业的研发投入资金调动企业创新的积极性，而且能够为畜牧业企业的创新活动承担部分风险，从而增强企业科技创新的信心（施建军和栗晓云，2021）。

从信号传递的路径看，一方面，政府研发补贴有助于缓解企业与投资者之间的信息不对称程度（徐利飞等，2023），从而促进外部投资者增加对企业的研发投入。首先，由于企业研发创新活动通常涉及商业秘密，企业为避免技术和信息的泄露往往不愿过多公开研发项目的有关信息，并且有可能为获取更大的利益而隐藏其研发的潜在风险或夸大研发的技术优势（Buccella et al.，2023）。而且，外部投资者仅有有限的时间和人力，也很难完全准确地筛选甄别出优质的技术企业和研发项目。这便使企业和外部投资者之间容易出现信息不对称问题。政府在发放研发补贴前，需要对企业的现有技术水平、研发创新能力等进行全面的评估和考察。如果企业获得了政府研发补贴，相当于其自身的研发能力和技术创新水平得到了官方的肯定，可以为其贴上"认可标签"（龚红和朱翎希，2021）。其次，政府还会对获得研发补贴的企业进行动态监督和引导，以确保研发补贴资金实现既定的目标。这在一定程度上能够缓解外部投资者可能面临的道德风险。另一方面，政府研发补贴能够通过缓解企业的融资约束而促进企业的研发投入。首先，获得政府研发补贴的企业相当于得到了政府的隐性信用担保（Lim et al.，2018）。这可以提高企业银行信贷的可得性。其次，获得政府研发补贴的企业能够向外界传递技术优势的积极信号，从而提高其获得风险投资的概率（郭玥，2018）。本书关注的畜牧业企业具有一般企业的共同性质，所以，上述分析逻辑对畜牧业企业同样适用。此外，受生产周期较长、规模相对较小、环保政策趋严等多方面的限制，畜牧业企业的研发投入与科技类企业相比可能面临更强的资金约束，获得政府研发补贴或许更能促进其研发投入。

与政府研发补贴相比，政府非研发补贴对畜牧业企业研发投入强度的影响可能不同。第一，在降低研发成本方面，与政府研发补贴直接用于研发活动不同，非研发补贴主要以固定资产投资、税收优惠、畜禽生产补贴和畜禽粪污资源化利用补贴为主，虽然也能够缓解企业的资金压力，但是，它不以激发企业创新为目的，畜牧业企业更可能将非研发补贴用于生产设备升级、市场营销等能快速产生效益的非研发领域。因此，政府非研发补贴产生的研发成本降低效应较弱（姚林香，2022）。第二，在信号传递方面，虽然畜牧业企业获得政府非研发补贴也能够向外界传递其被政府信任的信号，但是，这种信任更多集中在生产、出口等非研发领域，缺少政府研发补贴释放的技术创新水平认证的信号。因此，非研发补贴通过吸引外部投资从而提升畜牧业企业研发投入强度的效应不如政府研发补贴产生的效应大。

综上所述，由于政府研发补贴与非研发补贴的侧重点不同，两者对畜牧业企业研发投入强度的影响效果也会存在差异。政府研发补贴因研发目标明确和认证信号更强，其对畜牧业企业研发投入强度的正向影响更大。据此，本书提出研究假设 H6。

H6：政府研发补贴与非研发补贴对畜牧业企业研发投入强度的影响存在差异，政府研发补贴的正向影响更为明显。

2. 政府研发补贴对不同生命周期畜牧业企业研发投入强度的影响

处于不同生命周期的企业在生产经营、公司治理、融资约束与战略决策等方面均存在较大差异，政府研发补贴对畜牧业企业研发投入强度的影响也可能因此存在区别。参考已有文献对企业生命周期的划分标准（张辉等，2022），本书将畜牧业企业的生命周期划分为成长期、成熟期和衰退期 3 个阶段。

成长期的企业一般处于快速发展时期，企业的主营产品开始逐渐形成，企业进入盈利阶段而且盈利增长速度较快，竞争实力不断增强（谢佩洪和汪春霞，2017）。成长期的企业发展前景广阔，为实现扩张目标和迅速占领市场，企业对生产基础设施和新产品新技术等的投资需求巨大（顾雷雷和彭杨，2022）。虽然成长期企业的盈利能力不断增强，但是，其内部的现金流仍无法满足大规模的投资需求。而且，投资者对成长期企业的谨慎态度使其面临较强的融资约束。此外，成长期的企业虽然热衷于投资新产品、新技术，但是，研发人员较少、创新经验不足、资金短缺、组织结构不够完善等因素会使企业对研发创新的支持力度有限。政府向成长期企业发放的研发补贴无疑是雪中送炭，不仅可以缓解企业的资金压力，还能通过信号传递效应增强企业的融资能力（刘鹏振等，2023）。因此，对成长期的畜牧业企业而言，政府研发补贴对其研发投入强度的影响较为明显。

相对于成长期企业，成熟期企业的特征已经发生了明显转变。对于创新，成熟期的企业可能存在两种态度。第一，成熟期企业为进一步巩固行业地位，仍然具有较强的创新意愿。而且，与成长期企业相比，成熟期的企业有充裕的资金，即使一些研发项目资金投入量大、风险高，只要回报周期长、未来收益高，企业也会倾向于进行投资（刘诗源等，2020）。第二，成熟期企业由于经营状况稳定，自满的情绪会使其产生创新惰性（刘鹏振等，2023）。在融资方面，成熟期企业的生产经营模式日趋成熟，所占有的市场份额逐步提升，销售收入稳定。这使其能够从经营活动中获得正的现金流，内源式融资约束得以缓解。同时，成熟期企业凭借逐渐积累起来的市场声誉，也更容易获得外部融资（黄宏斌等，2016）。因此，由于成熟期企业具有较强的资本实力和较小的融资约束，政府研发补贴可能对其研发投入强度影响较小。

衰退期的企业通常面临企业制度僵化、内部治理混乱、财务状况恶化、融资约束较强等问题。这会使企业出现销售额锐减、经营业绩下滑、市场份额下降和现金流紧张等问题。一方面，业绩的低迷和治理的混乱可能使衰退期企业出于降低成本的考虑而减少研发投入（李云鹤等，2011）；另一方面，较差的财务状况也使企业很难通过信号传递的途径吸引更多的外部融资并将其用于企业研发创新。这意味着，政府研发补贴对衰退期畜牧业企业研发投入强度的影响可能存在两面性。对想通过创新走出衰退期的畜牧业企业而言，政府研发补贴恰好有助于缓解资金压力，从而激励企业增加研发投入进而实现转型升级。但是，政府研发补贴也可能产生"挤出效应"，即部分衰退期企业为降低成本，在获得政府研发补贴后减少原本的研发投入。因此，对衰退期的畜牧业企业而言，政府研发补贴对其研发投入强度的影响可能较为复杂。

综上所述，不同生命周期的畜牧业企业在资金实力、融资约束和创新意愿等方面具有明显差异，政府研发补贴对其研发投入强度的影响可能不尽相同，具体的影响方向需要通过实证研究进一步得出。据此，本书提出研究假设 H7。

H7：政府研发补贴对不同生命周期畜牧业企业研发投入强度的影响存在差异。

3. 高管股权激励在政府研发补贴与畜牧业企业研发投入强度关系中的调节效应

根据委托代理理论，作为委托人的股东追求企业长期价值的最大化，而作为代理人的管理层可能更关注企业的短期业绩和个人利益。这种利益冲突可能使高管在决策时偏离股东的最佳利益。由于研发活动的长期性和不确定性，高管可能会因为关注短期效益或担心失败而在决策时表现出谨慎甚至规避的态度（Bushee，1998）。高管股权激励是一种解决委托代理问题的可行机制。将管理层的利益与股东的利益绑定，可以激励管理层追求企业的长期价值创造。在政府研发补贴对畜牧业企业研发投入强度的影响中，高管股权激励可以从以下三个方面发挥调节作用：首先，股权激励可以提升高管的风险承担意愿。在高管通过持股拥有了公司的一部分所有权后，他们会更加关注公司的长期发展和价值创造。即使某些研发活动具有周期长、风险高的特点，高管除了将政府的研发补贴用于研发投入外，还愿意使用企业的资金配套相应的研发项目。其次，股权激励可以增强利益一致性。股权激励使高管的个人利益与股东的利益更加一致，高管更有动力去最大化政府研发补贴的效益，从而增加企业研发投入强度，提升企业的创新能力和市场竞争力。最后，高管股权激励具有信号传递效应。高管股权激励能够向外部投资者传递企业对未来发展充满信心的积极信号，有助于吸引更多的外部资金和资源支持企业的研发活动。

另外，根据前面的分析，不同生命周期的畜牧业企业在经营业绩、发展前景等方面存在较大差异，因此，高管股权激励对企业研发投入强度的影响也可能会因畜牧业企业所处生命周期的不同而有所差异。综上所述，本书提出研究假设 H8。

H8：高管股权激励在政府研发补贴对畜牧业企业研发投入强度的影响中起正向调节作用，对处于不同生命周期的企业的调节作用存在差异。

2.4 | 研究框架

基于前面的分析，本书形成了如图2-2所示的研究框架。首先，基于省级层面的面板数据，从产品质量、生产效率、绿色发展、动物防疫四个维度构建指标体系测算出各省份畜牧业高质量发展水平，研究省份的畜牧业科技投入、技术创新对畜牧业高质量发展的影响，分别验证科技投入对畜牧业高质量发展的影响及空间溢出效应（研究假设H1），技术创新对畜牧业高质量发展的影响及空间溢出效应（研究假设H2），技术创新在科技投入与畜牧业高质量发展关系中的中介效应（研究假设H3）。其次，由于畜牧业企业是畜牧业经济活动的主体，畜牧业企业的高质量发展对促进畜牧业高质量发展至关重要。所以，基于畜牧业企业层面的面板数据，以畜牧业企业的全要素生产率代表畜牧业企业高质量发展水平，研究畜牧业企业科技投入、技术创新对畜牧业企业高质量发展的影响，分别验证畜牧业企业科技投入对畜牧业企业高质量发展的影响（研究假设H4），以及技术创新在企业科技投入与企业高质量发展关系中的中介效应（研究假设H5）。畜牧业企业作为畜牧业科技创新的主体，其研发投入的积极性对畜牧业科技创新和畜牧业高质量发展具有重要影响。因此，基于畜牧业企业层面数据，深入探究提升畜牧业企业研发投入强度的路径，分别验证政府研发补贴和非研发补贴对畜牧业企业研发投入强度的影响（研究假设H6），政府研发补贴对不同生命周期畜牧业企业研发投入强度的影响（研究假设H7），高管股权激励在政府研发补贴对畜牧业企业研发投入强度的影响中起调节作用（研究假设H8）。最后，除了以上实证研究外，本书为进一步加强对技术创新影响畜牧业高质量发展的认识，以涵盖众多关键技术的楼房养猪模式为例，选取了三个成功的楼房养猪项目典型案例，深入探究技术创新推动畜牧业高质量发展的实现路径。

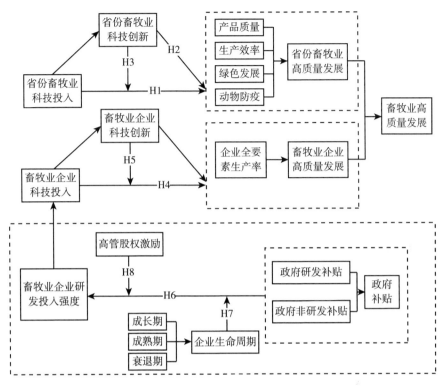

图2-2　本书研究框架

2.5 本章小结

　　本章在界定畜牧业高质量发展、科技投入、技术创新等核心概念的内涵与外延的基础上，对与本书有密切关联的创新驱动发展理论、经济增长理论、空间经济理论、外部性理论、委托代理理论、企业生命周期理论进行简要分析。基于前面的理论基础、文献梳理和概念界定，主要从科技投入、技术创新对畜牧业高质量发展的影响，企业科技投入、技术创新对畜牧业企业高质量发展的影响，政府补贴对畜牧业企业研发投入强度的影响机理三个方面提出相应的研究假设，并在此基础上形成本书的研究框架。

第 3 章

我国畜牧业科技投入现状与问题

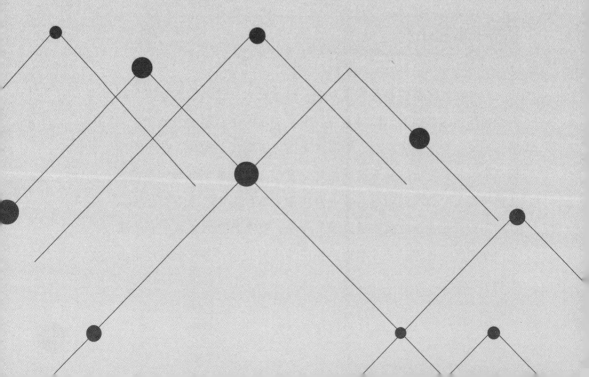

本章首先从国家层面、省级层面以及我国畜牧业主要科技经费来源对我国畜牧业管理体制进行梳理。其次，介绍了我国三个畜牧业科技活动主体，即科研机构、高等学校和企业。此外，基于《全国农业科技统计资料汇编》、《中国科技统计年鉴》以及上市公司年报数据等，对我国畜牧业科研机构、高等学校、畜牧业企业的科技投入进行分析。最后，总结当前我国畜牧业科技投入存在的问题。

3.1 我国畜牧业科技管理体制

我国畜牧业科技体制在组织机构和管理制度方面均取得了显著进展，为畜牧业的持续健康发展提供了有力支撑。在组织机构上，我国畜牧业科技体制已构建起集科研、教育、推广和服务于一体的综合体系，有效促进了科技与产业的深度融合。

3.1.1 国家畜牧业科技管理体制

1. 中央科技委员会是科技管理的最高决策议事协调机构

2023 年《党和国家机构改革方案》[①]（以下简称《方案》）为加强党中央对科技工作的集中统一领导，组建中央科技委员会。中央科技委员会作为党中央决策议事协调机构，将负责研究审议国家科技发展重大战略、重大规划、重大政策和确定国家战略科技任务和重大科研项目等重要内容。科学技术部具体承担中央科技委员会办事机构职责。因此，有关畜牧业的重大科技项目也是由中央科技委员会统筹布局。

---

① 中共中央 国务院印发《党和国家机构改革方案》，https：//www. gov. cn/gongbao/content/2023/content_5748649. htm。

2. 农业农村部科学技术司

《方案》中提出，有关组织拟订科技促进农业农村发展规划和政策等职责由科学技术部划入农业农村部。根据农业农村部科技教育司官方网站最新表述，其新闻报道已由原来的科技教育司更名为科学技术司，内设机构包括综合处、体制改革处、高新技术处、科技条件处、产业技术处、技术推广处、农业转基因生物管理处、资源环境处、能源生态处和教育处。农业农村部科学技术司主要负责农业科技发展工作，负责包括起草农业科技的法律、法规、规章，拟订发展战略、规划和计划，组织农业产业技术体系建设等；组织实施农业科研重大专项；组织引进国外农业先进技术；承担农业科技条件建设工作。编制本领域财政专项规划，提出部门预算和专项转移支付安排建议并组织或指导实施；承办农业科技的对外交流与合作及相关国际公约的履约工作；指导协调部属科研机构改革，归口管理部属科研机构科学事业费。因此，有关畜牧业的科技发展、畜牧业科技创新体系、畜牧业产业技术体系建设、畜牧业科研重大专项、引进国外畜牧业先进技术等工作也主要由农业农村部科学技术司负责。

3. 财政部科教司

财政部科教司属于财政部的内设机构，有关科技等方面的部门预算工作由其承担。由于财政部科教司负责制定事业单位通用的财务管理制度和中央级科技支出的管理，因此畜牧业相关的科研项目、技术推广和产业发展会受到财务管理制度的影响。同时，畜牧业相关的科技项目可以通过申请资金来推动科研进展和技术创新，提高畜牧业的科技水平和竞争力。

4. 教育部

教育部在科技方面的职责包括指导高校科学研究和参与国家创新体

系建设等各类科技计划的实施等工作。由于教育部负责高等教育的管理和规划，包括学科设置、专业设置等。因此，在畜牧兽医领域，教育部会制定相关的学科发展规划，推动畜牧兽医学科的建设和发展。同时，高校也会根据教育部的指导，设置畜牧兽医学科或相关专业，培养具备相关知识和技能的人才。

5. 中国农村技术开发中心

中国农村技术开发中心是农业科研项目的专业管理机构。《方案》将中国农村技术开发中心从科学技术部划入农业农村部。中国农村技术开发中心职责包括管理中央财政科技计划中的农业农村、食品等项目，制订工作方案、组织评审和绩效评价等。同时，它还负责推动技术研发、成果转化、科技金融、知识产权服务等，开展项目后续管理和服务工作，推进成果汇交和转移转化。此外，该中心还参与推动县域创新驱动发展、农业科技社会化服务体系建设，承担科技扶贫和科技特派员相关工作，管理国家农业高新技术产业示范区和科技园区等。它还负责推动农业农村领域科技创新创业人才队伍建设，开展农村科学普及和信息化建设工作，并承办其他相关事项。畜牧业作为农业的重要组成部分，将受益于该中心的科技研发、项目管理及成果转化工作，推动畜牧业的科技进步和产业升级。

6. 农业农村部科技发展中心

农业农村部科技发展中心是农业农村部直属事业单位，是中央财政科技计划项目管理专业机构。其职责主要包括负责国家重点研发计划专项及其他科技计划的日常管理工作，承担农业植物新品种权受理、审查和测试工作，负责全国植物新品种标准化技术委员会秘书处日常工作，承担农业生物安全评价、检测和标准制修订工作。有关畜牧业的国家重点研发计划等方面由农业农村部科技发展中心。

3.1.2 省级畜牧业科技管理体制

省级畜牧业科技主要由省科技厅、省农业农村厅、省教育厅等共同负责管理。省科技厅在这一体系中起着核心作用，负责畜牧业科研及项目的管理，并拟定科技推动畜牧业和农村发展的政策和规划。这些政策和规划的实施，通过组织实施畜牧业科技攻关计划和畜牧业科技专项计划，推动畜牧业科研的深入进行。省科技厅所管理的项目，构成了省级畜牧业科研项目的主要来源。这些项目包括省基础研究计划、省重点研发计划（涉及产业前瞻与共性关键技术、现代畜牧业等领域）、省科技成果转化专项资金项目等。这些项目旨在推动畜牧业科研的深入进行，提升畜牧业的科技含量。另外，各省份还会根据自身畜牧业的科研特点和发展目标，设立相关的科研项目。这些项目旨在解决当地畜牧业发展中的实际问题，推动畜牧业的持续、健康和高效发展。总的来说，畜牧业科技体系在省科技厅、省畜牧兽医厅、省教育厅等多部门的共同管理下，通过实施一系列科研计划和项目，推动畜牧业的科技创新和产业升级，为畜牧业的可持续发展提供有力支撑。

3.1.3 畜牧业主要科技经费来源

中国畜牧业科技经费包括核心基金和项目基金。核心基金主要用于畜牧业研究机构的薪酬福利，由中央财政部和各地方政府的财政部门决定分配。项目经费主要来自畜牧业科研单位所承担的科研项目。项目经费则根据分配机制划分为稳定性经费和竞争性经费。稳定性经费分为中央和地方的科研机构运行经费两大类，基本科研业务费、科技创新工程专项经费和国家现代农业产业技术体系是最重要的 3 种稳定经费，金额相对较大，直接由财政部拨款。竞争性经费主要是指各种国家科技计划

（专项、基金等）经费，是政府支持科技创新活动的重要方式。

1. 国家重点研发计划

国家重点研发计划是当前我国最高级别的研发项目。2016 年 2 月 16 日，国家重点研发计划首批重点专项 2016 年度项目指南发布，这标志着国家重点研发计划正式启动实施。[①] 2016～2018 年国家重点研发计划中启动了农业重点专项，主要包括九个方面，其中畜牧业有一个，为畜禽重大疫病防控与高效安全养殖综合技术研发，项目周期是 3～5 年。2021 年"十四五"国家重点研发规划正式启动，其中涉及畜牧业的项目为"畜禽新品种培育与现代牧场科技创新"重点专项，重点解决畜牧业生产中良种繁育、高效养殖与加工等问题，实施年限为 2021～2025 年。

2. 国家自然科学基金

国家自然科学基金委员会于 1986 年成立，主要负责管理国家自然科学基金。三十多年来，国家自然科学基金在推动中国自然科学基础研究的发展，促进基础学科建设，发现、培养优秀科技人才等方面取得了巨大成绩。2024 年 2 月 29 日，国家统计局发布的《中华人民共和国 2023 年国民经济和社会发展统计公报》数据显示，2023 年国家自然科学基金共资助 5.25 万个项目。国家自然科学基金现共有 10 个学部，其中畜牧业相关领域的基金主要集中在生命科学部，主要有畜牧学、兽医学和食品科学中的畜禽食品方面。

3. 国家科技重大专项

国家科技重大专项指的是重大战略产品、关键共性技术和重大工程。

---

① 国家重点研发计划正式启动实施 首批重点专项指南发布 [EB/OL]. 中华人民共和国人民政府网，2016 – 02 – 17. https：//www. gov. cn/xinwen/2016 – 02/17/content_5042056. htm.

2023 年 3 月，根据国务院关于提请审议国务院机构改革方案的议案，重新组建科学技术部，保留国家科技重大专项职责。在畜牧业方面，畜牧业国家科技重大专项主要聚焦于支持转基因畜牧业新品种的培育与设立相关专项。其目标在于获取一批具备重要应用价值和自主知识产权的基因，以培育出抗病、抗逆、优质、高产、高效的转基因畜牧业新品种。这一努力旨在提升我国农业转基因生物的研究与产业发展水平，从而为保障国家食物安全、生态安全及绿色畜牧业发展提供坚实的科技支撑。

4. 国家现代农业产业技术体系

2007 年以来，为加快提升国家和区域农业科技创新能力，推动科技更好支持农业产业健康发展，农业农村部联合财政部先后启动建设了水稻、玉米、小麦、大豆、大宗蔬菜、奶牛、生猪、大宗淡水鱼等 50 个主要农产品的现代农业产业技术体系，基本涵盖了我国大宗农产品和重要农产品。其中涉及畜牧业相关的产业主要有生猪、奶牛、肉牛牦牛、肉羊、绒毛用羊、蛋鸡、肉鸡、蜂、兔、水禽和牧草①共 11 个，占所有农产品品种的 22%。体系经过十余年的建设和发展，在不打破现有管理体制前提下，中央财政稳定支持，按照农业生产全过程配置科研力量，组织全国 800 余家科教单位以及企业的 2700 余名科技人员，共同围绕全产业链各关键环节的核心技术问题开展跨部门、跨区域、跨单位联合攻关，在促进农业科技进步和决战决胜脱贫攻坚等方面发挥了重要作用，为农业高质量发展和农产品安全有效供给提供了有力的科技支撑。

中央财政高度重视国家现代农业产业技术体系建设，投入专项资金进行支持。据统计，2007 ~ 2019 年中央财政已累计投入经费 158 亿元。2020 年受新冠疫情影响，体系经费由 16 亿元调减为 10 亿元。2021 年，按照过紧日子有关要求，在中央本级支出继续负增长、多数领域支出大

---

① 由于牧草是食草性动物的主要粗饲料来源，牧草产业的科技进步对促进草食畜牧业高质量发展具有重要意义，因此将其也视为畜牧业相关产业。

幅减少的情况下，安排预算 14 亿元，继续支持体系开展联合攻关。①

5. 基本科研业务费

基本科研业务费是指用于支持科研项目的一种经费。中央高校基本科研业务费（以下简称基本科研业务费）用于支持中央高校开展自主选题研究工作，使用方向包括：重点支持 40 周岁以下青年教师提升基本科研能力；支持在校优秀学生提升科研创新能力；支持优秀创新团队建设；开展多学科交叉的基础性、支撑性和战略性研究；加强科技基础性工作。其目的是加大对中央级公益性科研院所的支持力度，建立稳定持续的支持机制，促进科研院所持续创新能力的提升。基本科研业务费的使用和管理遵循以下原则：一是稳定支持。对中央高校培养优秀科研人才和团队、开展前瞻性自主科研、提升创新能力给予稳定支持，根据使用绩效和中央财力状况适时加大支持力度。二是自主安排。中央高校根据自身基本科研需求统筹规划，自主选题、自主立项，按规定编制预算和使用资金。三是公开公正。中央高校按照科学民主的原则，通过公开评议、公示等方式遴选项目，确保各环节公正、透明。四是严格管理。基本科研业务费纳入中央高校财务统一管理，专款专用，资金的使用范围和标准要符合国家有关规定。建立全过程管理制度，注重绩效，提高资金使用效益。基本科研业务费为畜牧业科技发展提供稳定资金支持，促进创新研究，加速成果转化，提升产业竞争力。

3.2 我国畜牧业科技活动主体

在我国畜牧业科技发展中，科研机构、高等院校和各类企业构成了

---

① 对十三届全国人大四次会议第 1687 号建议的答复 [EB/OL]. 中华人民共和国农业农村部，2021 - 06 - 25. http：//www. moa. gov. cn/govpublic/KJJYS/202107/t20210716_6372031. htm.

科技活动的三大主体。科研机构负责深入研究和探索畜牧业的前沿技术，推动科技创新；高等院校则通过教学和科研结合，培养专业人才，为畜牧业输送新鲜血液；各类企业则是科技成果转化的重要力量，将科研成果转化为实际生产力，推动畜牧业的持续发展。

3.2.1 科研机构

1. 国家级科研机构

（1）中国农业科学院涉畜牧业研究所。

中国农业科学院成立于 1957 年，是中华人民共和国农业农村部直属的中央级综合性农业科研机构，也是全国综合性农业科学研究的最高学术机构。中国农业科学院拥有 10 个职能部门、34 个直属研究所、1 个研究生院和 1 家中国农业科技出版社，共 46 个部门和单位。中国农业科学院作为农业科研的国家队，在畜牧业科技力量在全国也是举足轻重，中国农业科学院拥有北京畜牧兽医研究所、哈尔滨兽医研究所、兰州畜牧与兽药研究所、上海兽医研究所、饲料研究所、蜜蜂研究所、兰州兽医研究所、草原研究所、农产品加工研究所和农业环境与可持续发展研究所等，以上研究所均有以畜牧业为研究对象的研究团队，着重解决国家重大科技问题，为我国畜牧业科技投入与创新贡献重要力量。

（2）中国科学院涉畜牧业研究所。

中国科学院是中国自然科学最高学术机构。中国科学院所属的动物研究所、亚热带农业生态研究所、遗传与发育生物学研究所、昆明动物研究所等在畜牧业方面的研究成果显著。

2. 省级科研机构

（1）省属农业科学院涉畜牧业研究所。

省级畜牧业科研资源不仅是中国畜牧业科研资源中不可或缺的重要

组成部分，也是中国畜牧业科技创新中的中坚力量。省级农业科学院下属的畜牧兽医研究所是省级层面最核心的畜牧业科技研究机构。以山东省农业科学院畜牧兽医研究所为例，山东省农业科学院畜牧兽医研究所始建于 1959 年，是山东省农业科学院最早创建的研究所之一，也是山东省唯一专业从事畜牧兽医科学研究的省级科研机构。机构设置包括肉牛、奶牛、养猪、养羊、养兔、动物营养、兽医、畜产品加工 8 个专业研究室及科研、行政办公室，同时建有山东省农业高新技术示范园——畜牧示范区一处，内建有山东省良种猪繁育工程技术中心（原种猪场）、肉羊研究中心、良种奶牛扩繁场、良种兔繁育场，成为科研试验、成果转化、技术推广的现代畜牧业综合示范基地。

（2）地市属农业科学院涉畜牧业研究所。

以武汉市农业科学院为例，武汉市农业科学院是全国最早成立的大中城市农业科研机构之一，1984 年组建武汉市农业科学技术研究中心，1989 年更名为武汉市农业科学技术研究院，2016 年更名为武汉市农业科学院，现下设 16 个内设机构，其中就有武汉市农业科学院畜牧兽医研究所。武汉市农业科学院畜牧兽医研究所创建于 1978 年，其前身为武汉市畜牧兽医科学研究所，占地 167 亩，主要从事畜禽育种、遗传改良、健康养殖、疫病防控、动物营养、废弃物处理与资源化利用、中草药副产物资源化利用等方面的研究与技术推广示范。目前设有四个研究室：动物疾病防控研究室、家禽研究室、动物繁育与营养研究室、生物技术与生态循环研究室。

3.2.2 高等院校

1. 农业类院校涉畜牧业专业

1949 年，中国大学引进了苏联的专业教育模式，我国高校开始了真正意义上的"专业"教育。此后，我国高校专业设置一直进行着调整和改革。专业设置主要是根据国家战略需求、行业需求、学科发展趋势、专业门类和目录以及本科专业目录等多个方面的综合考量来确定。我国目前现有的农业类高校主要包括教育部直属农业高校和省属农业高校等。农业类高等院校的畜牧业科技力量主要为畜牧业类专业的教师和研究生，其中开设的畜牧业类专业主要包括动物科学与技术、动物医学、动物药学、饲料与动物营养、特种动物养殖、畜牧工程技术、蚕桑技术、草业技术、畜产品加工、养蜂与蜂产品加工、畜牧业经济管理等。

2. 非农院校涉畜牧业专业

除农业类院校有涉及畜牧业相关专业以外，还有很多非农院校的畜牧兽医类专业较为突出。以浙江大学为例，1998年浙江农业大学并入浙江大学，浙江大学的农学专业在全国排在前列。浙江大学动物科学学院设有动物科技系、动物医学系、特种经济动物科学系，并拥有动物遗传繁育研究所、饲料科学研究所、奶业科学研究所、蚕蜂研究所、动物预防医学研究所、动物养殖与环境工程研究所、应用生物资源研究所等7个研究所，并设有浙江大学动物医学中心、附属教学动物医院。再以广西大学为例，广西大学动物科学技术学院提供了两个本科专业，分别是动物科学和动物医学。同时，该学院还设有一个畜牧学博士后科研工作流动站和一个国家重点学科，即动物遗传育种与繁殖学，以及两个国家级一流本科专业建设点，即动物科学和动物医学。此外，畜牧学也被认定为广西双一流建设学科，而畜牧学和兽医学则被视为广西的优势特色重点学科。

3.2.3 企业

改革开放以来，我国畜牧业科技企业迅速发展壮大。作为重要的市场微观主体，畜牧业科技企业的业务特点能够与市场需求高度匹配，最能引导科研项目和活动的投资。从事畜牧业科技活动的企业主要涵盖畜禽育种、畜禽养殖、饲料生产、肉制品加工、乳制品加工、动物保健（疫苗和兽药）类型等。

在畜牧业科技创新方面，许多企业都作出了显著的努力和贡献。这些企业不仅关注提高生产效率、降低环境影响，还致力于提供更安全、更健康的食品给消费者。根据各上市公司年报数据，在畜禽养殖方面，牧原集团 2013 年出栏生猪为 130.68 万头，2022 年出栏生猪达到 6120 万头，实现营收 1260 亿元，牧原集团研发投入金额由 2013 年的 0.08 亿元增加到了 2022 年的 11.4 亿元。在饲料生产方面，大北农集团 2013 年仅生产了 387.06 万吨饲料，2022 年饲料销量可达 531.5 万吨，其产量增长背后的科技力量也不可小觑，大北农集团研发投入金额由 2013 年的 4.93 亿元增加到了 2022 年的 7.49 亿元，且其研发投入强度（即研发投入金额占营业收入比例）一直保持在 2% 以上。在肉制品加工方面，双汇集团在 2013 年时，生产的高低温肉制品有 175 万吨，在 2022 年时，双汇的肉制品业务实现营业收入 271.89 亿元，在十年间双汇在肉制品加工领域具有强大的实力和丰富的经验，其研发投入金额从 2013 年的 3.96 亿元增加到了 2022 年的 7.93 亿元。乳制品行业中，伊利集团的研发投入金额一致维持在行业前列，由 2013 年的 0.56 亿元增加到了 2022 年的 8.21 亿元。动物保健行业的研发投入强度在整个畜牧行业中处于最高水平，例如生物股份 2019～2022 年研发投入强度均维持在 13% 以上，其研发投入金额也维持在 1.5 亿元以上[①]。

---

① 以上企业相关数据来源于各企业公司年报，具体可从巨潮网查询，http://www.cninfo.com.cn/new/index。

3.3 我国畜牧业科技投入现状与趋势

3.3.1 科研机构畜牧业科技投入

1. 畜牧业科研机构数量总体稳定

根据《全国农业科技统计资料汇编》统计资料整理，1995~2020 年我国畜牧业科研机构数量总体保持稳定（见表 3-1）。全国畜牧业科研机构数量从 1995 年的 122 个增加到了 2020 年的 124 个，畜牧业科研机构占农业研究机构比重从 1995 年的 10.7% 提高到了 2020 年的 12.7%。而全国农业科研机构有所精简，从 1995 年的 1138 个减少到了 2020 年的 974 个，共计减少了 164 个。不过，与种植业科研机构相比，畜牧业科研机构数量和占比偏低。数据显示，全国种植业科研机构数量和比重一直保持在较高水平，1995 年种植业科研机构为 667 个，到 2020 年增加到了 676 个；占农业科研机构的比重也从 1995 年的 58.6% 增加到了 69.4%。

表 3-1 　　　　1995~2020 年中国畜牧业科研机构数量及占比情况

年份	农业研究机构合计数（个）	种植业科研机构数		畜牧业科研机构	
		数量（个）	占比（%）	数量（个）	占比（%）
1995	1138	667	58.6	122	10.7
2000	1099	633	57.6	124	11.3
2005	1144	706	61.7	104	9.1
2010	1100	673	61.2	117	10.6
2015	1049	637	60.7	136	13.0
2020	974	676	69.4	124	12.7

资料来源：根据《全国农业科技统计资料汇编》整理得到。

2. 畜牧业科技人员数量和素质稳步提升

（1）畜牧业科技人员数量持续增加。

根据《全国农业科技统计资料汇编》统计资料整理，1995～2020年我国农业科研机构从事畜牧业科技活动人员持续增加（见表3-2）。全国从事畜牧业科技活动人员数量从1995年的6782个增加到了2020年的9265个，从事畜牧业科技活动人员占从事农业科技活动人员比重从1995年的11.7%提高到了2020年的12.8%。不过，与从事种植业科技活动人员相比，畜牧业科技人员不管是总数和占比都偏低。数据显示，从事种植业科技活动人员从1995年的37722个增加到了2020年的50375个；占从事农业科技活动人员的比重也从1995年的64.8%增加到了69.7%。

表3-2　　　　1995～2020年中国农业科研机构畜牧业科技人员数量及占比情况

年份	农业科技活动人员数量（个）	种植业科技活动人员		畜牧业科技活动人员	
		数量（个）	占比（%）	数量（个）	占比（%）
1995	58180	37722	64.8	6782	11.7
2000	54682	35650	65.2	6455	11.8
2005	59170	41709	70.5	5595	9.5
2010	66320	46293	69.8	7178	10.8
2015	69381	46383	66.9	9339	13.5
2020	72317	50375	69.7	9265	12.8

资料来源：根据《全国农业科技统计资料汇编》整理得到。

（2）畜牧业科技人员素质不断提升。

根据《全国农业科技统计资料汇编》统计资料整理，1995～2020年我国农业科研机构畜牧业科技人员素质不断提升（见表3-3）。从畜牧业科技人员学位和学历情况来看，获得博士学位的畜牧业科技人员从1995年的38人增加到了2020年的1813人，年均增长率为16.7%；获得硕士学位的畜牧业科技人员从1995年的425人增加到了2020年的2684人，年均增长率为 7.7%；畜牧业科技人员获得研究生学历的比重快速提高，从 1995 年的 6.8% 提高到了 2020 年的 48.5%。从职称情况来看，畜牧业科技人员具有中高级职称的比重稳步提升，从 1995 年的 57.4% 提高到了 2020 年的 68.9%。其中，具有高级职称的畜牧业科技人员从 1995 年的 1265 人增加到了 2020 年的 3620 人，年均增长率为 4.3%；具有中级职称的畜牧业科技人员从 1995 年的 2630 人增加到了 2020 年的 2765 人，年均增长率为 0.2%。

表 3 - 3　　　　　1995～2020 年中国农业科研机构畜牧业
科技活动人员学历和职称情况

年份	畜牧业科技人员数量（人）	学位、学历情况					职称情况			
		博士（人）	硕士（人）	本科（人）	其他（人）	研究生学历占比（%）	高级（人）	中级（人）	其他（人）	中高级职称占比（%）
1995	6782	38	425	2875	3444	6.8	1265	2630	2887	57.4
2000	6455	93	423	2362	3577	8.0	1274	2190	2991	53.7
2005	5595	213	659	2132	2591	15.6	1550	1937	2109	62.3
2010	7178	624	1446	2542	2566	28.8	2125	2384	2669	62.8
2015	9339	1296	2208	3266	2569	37.5	2991	3112	3236	65.3
2020	9265	1813	2684	2883	1885	48.5	3620	2765	2880	68.9

资料来源：笔者根据《全国农业科技统计资料汇编》整理得到。

3. 科研机构畜牧业科技活动支出和占比持续攀升

根据《全国农业科技统计资料汇编》统计资料整理，2004～2020 年我国农业科研机构畜牧业科技活动支出金额和占比持续增加（见表 3 - 4）。畜牧业科技活动支出金额从 2004 年的 3.86 亿元增加到了 2020 年的 40.56 亿元，年均增长率为 15.8%；科技活动支出占经常费内部总支出的比重也由 2004 年的 47.3% 提高到了 2020 年的 89.0%，年均增长率为 4.0%，这说明科研机构对科技活动的支持力度越来越大。畜牧业科技活动支出占农业科技活动支出比重从 2004 年的 8.3% 提高到了 2020 年的 13.7%，总体呈现波动上升的趋势，但占比依然偏低。

表 3－4　　2004～2020 年中国农业科研机构畜牧业科技活动
支出金额及占比变化情况

| 年份 | 畜牧业经常费内部支出情况 | | | | | 畜牧业科技活动支出占农业科技活动支出比重（%） |
	总支出（亿元）	科技活动支出（亿元）	经营活动支出（亿元）	其他支出（亿元）	科技活动支出占比（%）	
2004	8.15	3.86	1.94	2.36	47.3	8.3
2005	10.35	5.19	3.21	1.95	50.1	9.5
2006	9.47	5.78	1.67	2.02	61.0	9.8
2007	13.68	9.27	1.43	2.99	67.7	11.8
2008	15.97	10.94	1.23	3.80	68.5	11.8
2009	19.43	13.54	1.56	4.33	69.7	11.3
2010	19.74	13.09	1.57	5.08	66.3	9.4
2011	18.96	14.96	1.43	2.57	78.9	9.8
2012	23.95	17.88	1.50	4.57	74.7	10.6
2013	37.37	29.23	2.74	5.40	78.2	15.9
2014	36.81	28.78	1.61	6.41	78.2	15.4
2015	41.67	32.92	1.73	7.02	79.0	15.2
2016	37.26	31.10	0.79	5.37	83.5	13.9
2017	46.67	38.46	2.31	5.90	82.4	14.7
2018	47.47	38.60	1.01	7.87	81.3	13.8
2019	43.97	38.42	0.93	4.63	87.4	13.4
2020	45.60	40.56	0.95	4.08	89.0	13.7

资料来源：笔者根据《全国农业科技统计资料汇编》整理得到。

4. 畜牧业 R&D 人员数量及素质持续提升

根据《全国农业科技统计资料汇编》统计资料整理，2009～2020 年我国农业科研机构畜牧业 R&D 人员数量及素质持续提升（见表 3－5）。从总人数来看，畜牧业 R&D 人员数量从 2009 年的 4855 人增加到了 2020 年的 7480 人，年均增长率为 4.0%。从学历来看，畜牧业 R&D 人员具有研究生学历的比重持续提高，从 2009 年的 33.9% 增长到了 2020 年的 56.5%。其中，获得博士学位的畜牧业 R&D 人员从 2009 年的 537 人增加到了 2020 年的 1794 人，年均增长率为 11.6%；获得硕士学位的畜牧业 R&D 人员从 2009 年的 1107 人增加到了 2020 年的 2434 人，年均增长率为 7.4%。畜牧业 R&D 人员占农业 R&D 人员的比重呈现先上升后下降的趋势，从 2009 年的 12.2% 提高到了 2015 年的 14.5%，到 2020 年又下降到了 12.8%。畜牧业 R&D 人员占农业 R&D 人员的比重总体来看相对偏低。

表 3-5　　2009~2020 年中国农业科研机构畜牧业 R&D 人员数量及学历变化情况

年份	畜牧业 R&D 人员情况						畜牧业 R&D 人员占农业 R&D 人员的比重（%）
	总计（人）	博士（人）	硕士（人）	本科（人）	其他（人）	研究生学历占比（%）	
2009	4855	537	1107	1744	1467	33.9	12.2
2010	5334	589	1587	1610	1548	40.8	12.4
2011	4521	572	1174	1626	1149	38.6	10.2
2012	5567	778	1546	2039	1204	41.7	11.8
2013	6963	1003	1921	2406	1633	42.0	14.3
2014	7116	1228	1987	2233	1668	45.2	14.5
2015	7312	1227	2033	2307	1745	44.6	14.5
2016	6958	1245	1910	2128	1675	45.3	13.8
2017	7440	1504	2094	2229	1613	48.4	13.8
2018	7257	1587	2330	2154	1456	54.0	13.3
2019	7369	1691	2382	2113	1184	55.3	12.9
2020	7480	1794	2434	2071	1181	56.5	12.8

资料来源：笔者根据《全国农业科技统计资料汇编》整理得到。

5. 畜牧业 R&D 经费内部支出稳步提高，以实验发展和应用研究为主

根据《全国农业科技统计资料汇编》统计资料整理，2004~2020 年我国农业科研机构畜牧业 R&D 经费内部支出稳步提高（见表 3-6）。畜

牧业 R&D 经费内部支出金额从 2004 年的 3.49 亿元增加到了 2020 年的 27.40 亿元，年均增长率为 16.2%。畜牧业 R&D 经费内部支出占农业 R&D 经费内部支出比重总体偏低，2004～2020 年平均占比为 13.2%。分活动类型来看，实验发展在畜牧业 R&D 经费内部支出比重最大，2004～2020 年平均占比 58.2%；其次为应用研究，平均占比 28.9%；最低的为基础研究，平均占比为 12.9%。这与畜牧业的特点有关，畜牧业生产过程中面临着多种问题，如动物疫病防控、饲料资源开发、环境污染控制等。应用研究通常针对畜牧业生产中的实际问题，进行深入研究和分析，并提出切实可行的解决方案。此外，畜牧业生产直接关系到生产效益和农民收入，为了提高畜牧业的生产效率和产品质量，需要不断进行试验发展，探索新的养殖技术和方法。通过试验发展，可以验证新技术和新方法的可行性和有效性，为畜牧业的实际生产提供科学依据。

表 3-6　　　　2004～2020 年中国农业科研机构畜牧业 R&D 经费
内部支出变化情况

年份	畜牧业 R&D 经费内部支出及活动类型情况							畜牧业 R&D 经费内部支出占农业 R&D 经费内部支出比重（%）
	总计（亿元）	基础研究		应用研究		试验发展		
		支出金额（亿元）	占比（%）	支出金额（亿元）	占比（%）	支出金额（亿元）	占比（%）	
2004	2.48	0.11	4.5	0.85	34.2	1.52	61.3	11.9
2005	2.87	0.29	10.2	0.81	28.1	1.77	61.8	12.6
2006	2.87	0.35	12.1	0.75	26.3	1.77	61.6	10.8
2007	5.38	0.60	11.1	1.50	27.8	3.29	61.1	15.3
2008	7.64	0.73	9.5	2.49	32.6	4.42	57.9	16.6
2009	6.90	0.52	7.5	1.70	24.6	4.69	67.9	11.4
2010	7.28	0.42	5.8	1.79	24.6	5.06	69.6	9.9
2011	8.28	0.75	9.0	3.27	39.4	4.27	51.5	10.5
2012	10.98	1.47	13.3	2.72	24.8	6.79	61.8	11.8
2013	14.55	1.60	11.0	3.87	26.6	9.08	62.4	14.5
2014	14.84	2.10	14.1	3.49	23.5	9.26	62.4	14.2
2015	18.67	3.81	20.4	4.25	22.7	10.62	56.9	14.9

续表

年份	畜牧业 R&D 经费内部支出及活动类型情况								畜牧业 R&D 经费内部支出占农业 R&D 经费内部支出比重（%）
	总计（亿元）	基础研究		应用研究		试验发展		
		支出金额（亿元）	占比（%）	支出金额（亿元）	占比（%）	支出金额（亿元）	占比（%）	
2016	17.09	3.33	19.5	4.71	27.6	9.04	52.9	12.9
2017	24.62	5.55	22.5	8.35	33.9	10.73	43.6	15.0
2018	25.20	5.47	21.7	8.04	31.9	11.68	46.4	14.5
2019	25.81	3.86	14.9	8.36	32.4	13.60	52.7	14.2
2020	27.40	3.34	12.2	8.31	30.3	15.75	57.5	14.0
平均	13.11	2.02	12.9	3.84	28.9	7.26	58.2	13.2

资料来源：笔者根据《全国农业科技统计资料汇编》整理得到。

6. 畜牧业 R&D 经费内部支出主要来源于政府资金

按资金来源划分，我国农业科研机构畜牧业 R&D 经费支出可以分为政府资金、企业资金、其他资金（事业单位资金、国外资金等其他资金）（见表 3 – 7）。政府资金为畜牧业 R&D 经费支出的最大来源，2004 ~ 2020 年平均占比为 84.5%。2004 ~ 2020 年政府资金总体呈上升趋势，从 2004 年的 1.66 亿元提高到了 2020 年的 20.96 亿元，年均增长率为 17.2%。2004 ~ 2020 年企业资金平均占比为 5.3%。企业资金从 2004 年的 0.23 亿元提高到了 2020 年的 2.56 亿元。

表 3 – 7　　2004 ~ 2020 年中国农业科研机构畜牧业 R&D 经费
内部支出按资金来源划分变化情况

年份	畜牧业 R&D 经费内部支出及按资金来源情况						
	总计（亿元）	政府资金		企业资金		其他资金	
		金额（亿元）	占比（%）	金额（亿元）	占比（%）	金额（亿元）	占比（%）
2004	2.49	1.66	66.9	0.23	9.4	0.59	23.7
2005	2.87	1.79	62.3	0.05	1.7	1.04	36.1
2006	2.87	2.24	78.1	0.23	8.1	0.40	13.8
2007	5.38	4.19	77.8	0.78	14.4	0.42	7.8
2008	7.64	7.16	93.7	0.12	1.6	0.36	4.7

续表

年份	畜牧业 R&D 经费内部支出及按资金来源情况						
	总计（亿元）	政府资金		企业资金		其他资金	
		金额（亿元）	占比（%）	金额（亿元）	占比（%）	金额（亿元）	占比（%）
2009	6.90	6.32	91.5	0.20	2.9	0.38	5.5
2010	7.28	6.90	94.8	0.08	1.1	0.30	4.1
2011	8.28	7.87	95.1	0.10	1.2	0.31	3.7
2012	10.98	10.51	95.7	0.10	0.9	0.37	3.4
2013	14.55	13.17	90.5	0.20	1.4	1.19	8.2
2014	14.84	13.03	87.8	0.32	2.2	1.49	10.0
2015	18.67	16.27	87.1	0.82	4.4	1.58	8.5
2016	17.09	15.06	88.1	0.90	5.3	1.13	6.6
2017	24.62	20.34	82.6	2.61	10.6	1.67	6.8
2018	25.20	21.24	84.3	1.86	7.4	2.10	8.3
2019	25.81	21.67	84.0	2.20	8.5	1.94	7.5
2020	27.40	20.96	76.5	2.56	9.3	3.88	14.1
平均	13.11	11.20	84.5	0.79	5.3	1.13	10.2

资料来源：笔者根据《全国农业科技统计资料汇编》整理得到。

3.3.2　高等学校畜牧业科技投入

1. 高校畜牧兽医学科 R&D 课题数量和占农林牧渔学科比重不断提升

根据《中国科技统计年鉴》数据整理，2001～2022 年高校畜牧兽医学科 R&D 课题数量和占农林牧渔学科比重不断提升（见表 3-8）。高等学校 2001 年牧兽医学科 R&D 课题数量为 1487 个课题，到 2022 年已增加到了 10633 个课题，年均增长率为 9.8%。从畜牧兽医占农林牧渔学科比重来看，从 2001 年的 17.1% 增加到了 2022 年的 21.9%，年均增长率为 1.2%。从畜牧兽医占所有学科课题数量比重来看，2001～2022 年总体稳定在 1% 左右，不过呈略微下降的趋势，从 2001 年的 1.0% 下降到了 2022 年的 0.7%，年均降幅为 2.0%。

表 3 - 8　　　2001～2022 年中国高等学校畜牧兽医学科 R&D 课题投入情况

年份	畜牧兽医学科 R&D 课题数			畜牧兽医学科 R&D 课题投入人员			畜牧兽医学科 R&D 课题投入经费		
	数量（个）	占农林牧渔比重（%）	占所有学科比重（%）	人员（人年）	占农林牧渔比重（%）	占所有学科比重（%）	金额（亿元）	占农林牧渔比重（%）	占所有学科比重（%）
2001	1487	17.1	1.0	2073	18.9	1.3	0.48	12.8	0.6
2002	1841	16.8	1.1	1979	17.3	1.2	1.07	19.1	1.1
2003	2244	18.2	1.1	2043	17.4	1.1	1.40	20.0	1.1
2004	2283	18.4	1.0	2366	19.2	1.1	1.58	20.0	1.1
2005	2618	19.3	0.9	2897	22.9	1.3	2.12	22.8	1.1
2006	3264	18.5	0.9	3235	21.7	1.2	2.39	18.5	0.8
2007	3568	19.1	1.0	2923	21.4	1.2	3.02	19.2	1.2
2008	4301	20.3	1.0	3204	22.1	1.2	3.99	19.0	1.2
2009	4512	20.2	0.9	3183	21.5	1.2	5.84	23.1	1.6
2010	4993	20.1	0.9	3247	21.4	1.1	7.97	21.7	1.7
2011	4975	20.9	0.8	3087	21.7	1.0	7.53	23.0	1.4
2012	5312	19.8	0.8	3006	20.0	1.0	7.53	20.7	1.2
2013	5856	20.5	0.8	3128	21.4	1.0	8.60	21.3	1.3
2014	6157	20.4	0.8	3150	21.5	0.9	8.40	21.4	1.2
2015	6311	19.0	0.7	2838	19.2	0.8	8.69	20.5	1.1
2016	7214	21.0	0.8	3383	20.4	0.9	9.43	19.6	1.2
2017	7325	21.0	0.8	3483	20.5	0.9	11.21	21.7	1.3
2018	8848	23.0	0.8	3633	21.7	0.9	12.57	20.8	1.3
2019	9247	21.3	0.8	5085	20.3	0.9	12.49	18.7	1.1
2020	9889	22.3	0.8	5807	22.3	0.9	12.31	20.0	1.0
2021	10230	22.5	0.7	6572	23.3	1.0	13.34	23.2	1.0
2022	10633	21.9	0.7	7000	22.8	1.0	15.06	23.0	1.0

资料来源：笔者根据《中国科技统计年鉴》整理得到。

2. 高校畜牧兽医学科 R&D 课题投入人员和占农林牧渔学科比重持续提高

2001～2022 年高校畜牧兽医学科 R&D 课题投入人员和占农林牧渔学科比重持续提高。2001 年畜牧兽医学科 R&D 课题投入人数为 2073 人，到 2022 年已增加到了 7000 人，年均增长率为 6.0%。畜牧兽医学科占农林牧渔学科 R&D 课题投入人员比重从 2001 年的 18.9% 增加到了 2022 年的 22.8%，年均增长率为 0.9%。2001～2022 年畜牧兽医学科占所有学科 R&D 课题投入人员比重总体稳定在 1% 左右。

3. 高校畜牧兽医学科 R&D 课题投入经费和占农林牧渔学科比重稳步上升

2001～2022 年高校畜牧兽医学科 R&D 课题投入经费和占农林牧渔学科比重稳步上升。畜牧兽医学科 R&D 课题投入经费从 2001 年的 0.48 亿元增加到了 2022 年的 15.06 亿元，年均增长率为 17.8%。畜牧兽医学科占农林牧渔学科 R&D 课题投入经费比重从 2001 年的 12.8% 增加到了 2022 年的 23.0%，年均增长率为 2.8%。2001～2022 年畜牧兽医学科占所有学科 R&D 课题投入经费比重总体稳定在 1% 左右。

3.3.3 畜牧业上市公司科技投入

自 2007 年开始，我国实施的新会计准则要求上市公司在财务报表中新增研发支出科目，畜牧业上市公司也开始公布企业的研发投入金额，为使我国畜牧业上市公司科技投入的现状和趋势分析具有可比性，本章筛选出了 41 家 2012～2022 年均有公布研发投入数据的畜牧业企业进行数据分析，并根据企业主营业务，即营业收入占总收入比重最大的业务部门，将 41 家畜牧业上市公司划分为畜禽养殖、饲料生产、肉制品加工、乳制品加工、动物保健五个行业，每个行业分别有 7 家、12 家、5 家、10家、7 家企业（见表 3 - 9）。

表 3 - 9   41 家畜牧业上市公司样本企业

行业	企业名称
畜禽养殖（7 家）	罗牛山、民和股份、圣农发展、益生股份、牧原股份、天山生物、新五丰
饲料生产（12 家）	京基智农、正虹科技、新希望、天康生物、天邦食品、正邦科技、海大集团、大北农、金新农、唐人神、通威股份、禾丰牧业
肉制品加工（5 家）	双汇发展、得利斯、煌上煌、龙大美食、上海梅林
乳制品加工（10 家）	皇氏集团、贝因美、麦趣尔、燕塘乳业、西部牧业、天润乳业、三元股份、光明乳业、妙可蓝多、伊利股份
动物保健（7 家）	金河生物、瑞普生物、溢多利、中牧股份、生物股份、普莱柯、海利生物

资料来源：笔者收集整理所得。

1. 畜牧业上市公司研发投入金额持续增加

根据国泰安（CSMAR）数据库及各上市公司年报数据整理，2012～2022 年畜牧业上市公司研发投入金额持续增加（见表 3 - 10）。41 家样本畜牧业企业 2012 年研发投入金额为 21.14 亿元，到 2022 年已增加到了113.18 亿元，年均增长率为 18.3%，2012～2022 年累计研发投入金额为538.67 亿元。从各行业研发投入金额平均增长率来看，畜禽养殖企业的研发投入金额增幅最大，从 2012 年的 0.34 亿元增加到了 2022 年的 14.07亿元，年均增幅为 45.1%。其次为饲料生产企业，从 2012 年的 10.42 亿元增加到了 2022 年的 67.32 亿元，年均增幅为 20.5%。乳制品加工企业从 2012 年的 3.03 亿元增加到了 2022 年的 13.59 亿元，年均增幅为16.2%。动物保健企业从 2012 年的 2.30 亿元增加到了 2022 年的 9.00 亿元，年均增幅为 14.6%。2012～2022 年肉制品加工企业的研发投入金额年均增幅最小，为 6.2%。

表 3－10　　　2012～2022 年 41 家样本畜牧业企业研发投入金额情况　　单位：亿元

年份	畜禽养殖	饲料生产	肉制品加工	乳制品加工	动物保健	所有行业总计
2012	0.34	10.42	5.05	3.03	2.30	21.14
2013	0.43	12.89	4.99	2.29	2.35	22.94
2014	0.43	13.58	5.00	2.37	3.02	24.41
2015	0.60	14.49	5.14	2.57	5.79	28.59
2016	0.93	17.37	5.35	3.86	6.59	34.10
2017	1.72	20.69	6.40	4.30	7.19	40.30
2018	1.74	21.56	6.87	6.90	8.24	45.31
2019	2.63	29.54	6.17	8.08	8.46	54.87
2020	6.38	35.20	7.02	8.08	9.41	66.09
2021	10.20	48.96	8.68	10.44	9.46	87.74
2022	14.07	67.32	9.21	13.59	9.00	113.18
总计	39.48	292.01	69.90	65.49	71.80	538.67
年均增长率（％）	45.1	20.5	6.2	16.2	14.6	18.3

资料来源：笔者通过国泰安（CSMAR）数据库及各上市公司年报数据整理所得。

2. 畜牧业上市公司研发投入强度不断提升

研发投入强度是衡量公司在研发活动中投入力度的一个重要指标，它被广泛用于评估公司的创新能力、技术实力以及长期发展潜力。参照已有研究，本书使用研发投入金额占营业收入的比重作为衡量畜牧业上市公司研发投入强度的变量。根据整理，2012～2022 年畜牧业上市公司研发投入强度不断提升（见表 3－11）。41 家样本畜牧业企业 2012 年平均研发投入强度为 1.75％，到 2022 年已增加到了 2.16％，年均增长率为 3.0％，2012～2022 年平均研发投入强度为 2.16％。从各行业研发投入强度来看，2012～2022 年动物保健企业的平均研发投入强度最高，为 7.09％，且年均增长率也维持在较高水平，为 6.4％。2012～2022 年饲料生产企业研发投入平均强度为 1.34％，排名第二，但从其发展趋势来看，饲料生产企业研发投入强度呈下降趋势，已从 2012 年的 1.77％下降到了

2022 年的 1.34%，年均下降幅度为 5.9%。乳制品加工企业 2012～2022 年平均研发投入强度为 1.27%，排名第三，年均增长率为 1.0%。畜禽养殖企业与肉制品加工企业的平均研发投入强度较为接近，2012～2022 年均值分别为 0.84% 和 0.88%。不过，畜禽养殖企业的研发投入强度增长幅度更快，2012～2022 年的年均增长率为 8.9%，而肉制品加工企业的年均增长率为 4.1%。

表 3 - 11　　2012～2022 年 41 家样本畜牧业企业研发投入强度情况　　单位:%

年份	畜禽养殖	饲料生产	肉制品加工	乳制品加工	动物保健	所有行业平均
2012	0.54	1.77	0.64	1.34	4.33	1.75
2013	0.84	1.49	0.93	1.04	4.33	1.69
2014	0.65	1.33	0.92	1.06	5.20	1.76
2015	0.66	1.32	0.93	1.34	6.38	2.03
2016	0.65	1.43	0.87	1.29	7.12	2.17
2017	0.94	1.37	0.83	1.16	8.38	2.37
2018	0.65	1.31	0.94	1.22	8.95	2.43
2019	0.70	1.36	0.88	1.35	8.89	2.47
2020	1.16	1.20	0.83	1.32	8.78	2.47
2021	1.18	1.16	0.89	1.32	7.66	2.28
2022	1.26	0.97	0.96	1.49	8.02	2.35
平均	0.84	1.34	0.88	1.27	7.09	2.16
增长率（%）	8.9	-5.9	4.1	1.0	6.4	3.0

资料来源：笔者通过国泰安（CSMAR）数据库及各上市公司年报数据整理所得。

3.4　我国畜牧业科技投入面临的主要问题

3.4.1　畜牧业科技投入力度相对不足

尽管近些年畜牧业科技投入持续增长，但相较于种植业、农林牧渔业和全行业而言，畜牧业在科技投入方面仍然显得较为薄弱。如表 3 - 12

所示,从科技投入金额绝对数量来看,通过科研机构和高校加总计算得到的我国畜牧业科技投入金额从 2004 年的 2.79 亿元增加到了 2022 年的 34.36 亿元;而种植业的科技投入金额从 2004 年的 20.06 亿元增加到了 2022 年的 168.89 亿元,2004~2022 年我国畜牧业科技投入金额年均值 17.46 亿元,不足种植业的 1/5。从科技投入强度来看,2004~2022 年我国畜牧业科技投入强度平均值为 0.06%,而种植业、农林牧渔业以及全行业的科技投入强度均值分别为 0.18%、0.17% 和 1.89%,畜牧业的科技投入强度仅为种植业的 1/3,且远低于全行业平均水平。这种科技投入的不足,严重制约了畜牧业的科技创新与发展速度,使我国畜牧业的科技水平与国际先进水平之间存在着明显的差距。种植业作为农业的基础产业,长期以来一直受到国家的高度重视和大力支持,科技创新成果丰硕。然而,畜牧业作为农业的重要组成部分,其科技投入却相对较少,创新能力受限,这在一定程度上影响了畜牧业的高质量发展。畜牧业科技投入不足的原因多种多样。首先,畜牧业的生产特点决定了其科技投入的高风险性。与种植业相比,畜牧业的科技成果转化周期长,且市场波动、疫病等多种因素使一些企业和投资者对畜牧业科技投入持谨慎态度。其次,畜牧业科技创新的体制机制尚不完善,科研与产业融合度不够,科技成果转化率较低。

表 3-12　　2004~2022 年我国畜牧业等行业科技投入金额和投入强度情况

年份	科技投入金额（亿元）				科技投入强度（%）			
	畜牧业	种植业	农林牧渔业	全行业	畜牧业	种植业	农林牧渔业	全行业
2004	2.79	20.06	31.64	1966.33	0.02	0.11	0.09	1.21
2005	3.70	22.23	36.66	2449.97	0.03	0.11	0.09	1.31
2006	4.44	26.01	42.98	3003.1	0.04	0.12	0.11	1.37
2007	6.24	32.26	56.85	3710.24	0.04	0.13	0.12	1.37
2008	7.45	43.68	74.17	4616.02	0.04	0.16	0.13	1.45
2009	11.01	57.63	95.40	5802.11	0.06	0.19	0.16	1.66
2010	13.53	73.77	117.77	7062.58	0.07	0.21	0.17	1.71

续表

年份	科技投入金额（亿元）				科技投入强度（%）			
	畜牧业	种植业	农林牧渔业	全行业	畜牧业	种植业	农林牧渔业	全行业
2011	14.73	71.45	121.06	8687.01	0.06	0.18	0.15	1.78
2012	15.09	82.84	142.46	10298.41	0.06	0.18	0.16	1.91
2013	17.95	92.52	153.92	11846.6	0.07	0.19	0.17	2.00
2014	17.62	91.76	159.66	13015.63	0.06	0.18	0.16	2.02
2015	21.00	106.23	186.80	14169.88	0.07	0.20	0.18	2.06
2016	22.62	118.64	206.18	15676.75	0.07	0.21	0.19	2.10
2017	24.17	133.05	234.27	17606.13	0.08	0.23	0.21	2.12
2018	25.92	148.08	253.49	19677.93	0.09	0.24	0.22	2.14
2019	28.71	160.76	277.57	22143.58	0.09	0.24	0.22	2.24
2020	29.44	159.16	276.93	24393.11	0.07	0.22	0.20	2.41
2021	30.95	153.84	275.97	27956.31	0.08	0.20	0.19	2.43
2022	34.36	168.89	307.07	30782.88	0.08	0.20	0.20	2.54
平均	17.46	92.78	160.57	12887.61	0.06	0.18	0.17	1.89

注：①由于相关统计年鉴未专门统计农林牧渔业企业的 R&D 经费，故畜牧业、种植业、农林牧渔业的科技投入金额为科研机构与高校的 R&D 经费内部支出之和，全行业科技投入金额为企业、科研机构、高校 R&D 经费内部支出之和。②科技投入强度为各行业科技投入强度与各行业国内生产总值的百分比。

资料来源：笔者根据《中国统计年鉴》和《中国科技统计年鉴》整理得到。

3.4.2 畜牧业科技投入领域分布不合理

畜牧业科技投入领域分布不合理是制约其科技创新和可持续发展的重要原因之一。在畜牧业内部，科技投入主要集中在养殖和动物保健环节，这固然有助于提高养殖效率和动物健康，但对于畜产品加工、质量安全、环保等关键环节的投入却相对较少。这种投入结构的不均衡导致了畜牧业在面临食品安全、环境污染等重大问题时缺乏有效的科技支撑。首先，畜产品加工环节的科技投入不足限制了畜产品的增值潜力和市场竞争力。现代化的加工技术可以显著提高畜产品的品质、口感和营养价值，提升产品的附加值，但由于科技投入不足，许多畜牧业企业仍停留在传统的加工方式上，无法满足消费者对高品质畜产品的需求。其次，质量安全方面的科技投入不足使畜牧业在应对食品安全挑战时显得力不从心。食品安全是畜牧业发展的生命线，但由于缺乏先进的检测技术和监控手段，许多潜在的质量安全隐患难以被及时发现和控制，这不仅威胁着消费者的健康，也损害了畜牧业的声誉和可持续发展能力。最后，环保领域的科技投入不足加剧了畜牧业对环境的污染压力。随着养殖规模的扩大和集中度的提高，畜牧业产生的废弃物和污染物也日益增多，对土壤、水源和空气造成了严重污染。由于缺乏有效的科技支撑，许多畜牧业企业难以实现对废弃物的无害化处理和资源化利用，加剧了环境压力和资源浪费。

3.4.3　畜牧业科技投入主体协同度不高

在畜牧业科技投入的过程中，一个显著的问题是企业、科研机构和高校之间的合作不够紧密，导致了科技成果的转化率相对较低。这种产学研脱节的现象，使大量的科研成果难以有效地应用到实际生产中，无法为畜牧业的持续发展提供有力的科技支撑。首先，企业、科研机构和高校在畜牧业科技创新中的定位与角色并不清晰。由于缺乏有效的沟通与合作机制，这些机构之间的研究成果往往难以有效对接，导致科技成果的转化效率低下。其次，产学研之间的合作缺乏长期稳定的合作机制。很多时候，企业、科研机构和高校之间的合作是基于项目或课题的短期合作，缺乏长期稳定的合作关系。这种合作模式不利于科技成果的持续转化和应用，也无法形成稳定的科技创新体系。此外，畜牧业科技成果的转化还面临着资金、人才和政策等多方面的制约。由于资金短缺，很多优秀的科研成果难以得到实际应用；畜牧业科技人才的短缺也限制了科技成果的转化和应用。而且，政策环境的不完善也制约了产学研之间的合作和科技成果的转化。

3.4.4　畜牧业科技人才相对匮乏

畜牧业科技人才培养和引进的不足，是制约畜牧业科技创新能力提升的关键因素。由于缺乏足够的人才支持，畜牧业的科技推广和服务体系也不尽完善，这进一步削弱了畜牧业的竞争力和可持续发展能力。首先，畜牧业科技人才培养的短板凸显。尽管我国拥有庞大的畜牧业从业人员，但真正具备科技创新能力和专业知识的人才却相对较少。目前，畜牧业科技人才的培养主要依赖于高校和科研机构，但这些机构的培养能力有限，无法满足畜牧业快速发展的需求。其次，畜牧业科技人才引进的难度较大。相较于一些高科技行业，畜牧业的工作环境相对艰苦、薪资待遇相对较低、发展前景相对较窄，以及畜牧业科技人才引进的政策和机制也不尽完善，这使一些优秀的科技人才往往更倾向于流向其他产业领域。由于人才匮乏，畜牧业的科技创新能力受到限制。同时，由于缺乏足够的人才支持，畜牧业的科技推广和服务体系也不完善。许多养殖户缺乏科学的养殖知识和技术，难以应对市场变化和疫病挑战。

3.5 ┃ 本章小结

本章基于畜牧业科技方面相关内容，以及《全国农业科技统计资料汇编》、《中国科技统计年鉴》、上市公司年报等数据资料的收集和整理，通过对我国畜牧业科技投入现状与问题的梳理发现，我国已基本形成一套集科研、教育、推广和服务于一体的畜牧业科技管理体制。且从国家层面和省级层面有一套较为完整的畜牧业科技投入保障机制。近年来，我国畜牧业科研机构、高等学校和畜牧业企业的研发投入金额持续增长。科研机构畜牧业科技从业人员数量和素质不断提升，科研机构畜牧业

R&D 经费支出以实验发展和应用研究为主，基础研究占比较低，且经费来源以政府资金为主。当前我国畜牧业科技投入仍面临科技投入力度相对不足、科技投入领域分布不合理、科技投入主体协同度不高、畜牧业科技人才相对匮乏等问题。

第 **4** 章

我国畜牧业高质量发展水平的
构建与测算

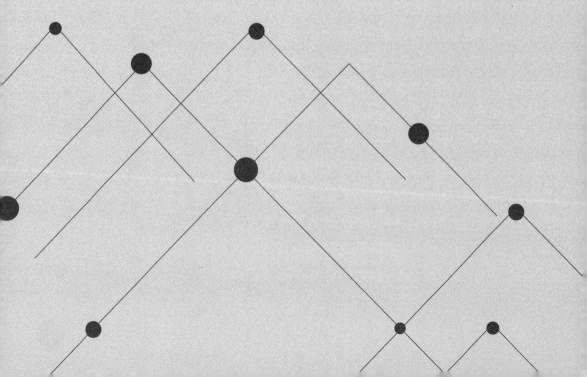

本章从产品质量、生产效率、绿色发展、动物防疫四个方面构建畜牧业高质量发展指标体系，并基于德尔菲法和批判法（CRITIC）测算我国 31 个省（区、市）畜牧业高质量发展水平，从而对我国畜牧业高质量发展水平的省域特征有初步认识，并为实证研究提供能够综合反映畜牧业高质量发展水平的核心变量。

4.1 畜牧业高质量发展水平指标体系

4.1.1 指标体系构建说明

关于畜牧业高质量发展水平指标体系的构建，一些学者根据其畜牧业高质量发展内涵的界定进行了有益的探索，熊学振等（2022）构建了绿色循环发展、供给提质增效、经营管理优化 3 个维度 15 项指标，卢泓钢等（2022）构建了畜牧业产业链的上游、中游、下游、资源化利用 4 个维度 26 项指标。总体而言，已有研究对畜牧业高质量发展指标体系构建兼顾畜牧业发展过程和结果。根据前面对畜牧业高质量发展概念的界定，即以畜牧业发展是否实现了"优质、高效、安全、环保"为评价标准来判断畜牧业高质量发展水平，故本章对畜牧业高质量发展水平的指标体系构建也是重点以目标和结果为导向，以期为今后推动畜牧业高质量发展提供引导。此外，根据科学性、系统性和数据可得性的原则，本章最终选取包括产品质量水平、生产效率水平、绿色发展水平和动物防疫水平 4 个维度来衡量我国各省份的畜牧业高质量发展水平。需要说明的是，《国务院办公厅关于促进畜牧业高质量发展的意见》（以下简称《意见》）将畜牧业高质量发展主要概括为产出高效、产品安全、资源节约、环境友好、调控有效五个方面。本章构建的指标体系重点参考了该《意见》，但是略有不同，主要有以下几点考虑。一是本章认为产出高效与资源节约存在交叉融合，例如，随着产肉率、产蛋率、产奶率的提升，相应的饲料饲草等资源便会得到极大的节约，因此本章用生产效率水平这一个维度来表示《意见》中产出高效与资源节约两个方面。二是本章选取的产品质量水平和绿色发展水平分别与《意见》中的产品安全和环境友好相对应。三是本章没有将调控有效作为指标体系的一部分，主要是因为调控有效这一要求多是基于中央政府的宏观政策目标，地方政府多是配合执行，且很难用具体的数字化的指标进行衡量。四是本章将动物防疫水平单独作为一个重要维度，一方面是考虑到动物防疫水平与产品安全有关联，另一方面是近年来非洲猪瘟、高致病性禽流感等畜禽疫病的威胁在畜牧业发展中日益凸显，有必要单独列出以显重视。

4.1.2 指标选取

在遵循以上指标选取的原则上，结合前面对畜牧业高质量发展的内涵界定，以及咨询业内相关专家的意见，最终选取 13 个二级指标来表示产品质量水平、生产效率水平、绿色发展水平和动物防疫水平 4 个维度，最终来反映我国畜牧业高质量发展水平（见表 4 - 1）。

表 4 - 1　　　　　　　畜牧业高质量发展水平评价指标体系

目标层（A）	一级指标（准则层 B）	二级指标（评价指标层 C）	指标属性
畜牧业高质量发展水平（A）	产品质量水平（B1）	畜产品质量安全监测合格率（C1）	正向
		绿色畜产品率（C2）	正向
	生产效率水平（B2）	生猪产肉率（C3）	正向
		肉牛产肉率（C4）	正向
		肉羊产肉率（C5）	正向
		肉鸡产肉率（C6）	正向
		产蛋率（C7）	正向
		产奶率（C8）	正向
		劳动生产率（C9）	正向

续表

目标层（A）	一级指标（准则层 B）	二级指标（评价指标层 C）	指标属性
畜牧业 高质量 发展水平 （A）	绿色发展水平 （B3）	畜禽粪污综合利用率（C10）	正向
		规模养殖场粪污处理设施装备配套率（C11）	正向
	动物防疫水平 （B4）	动物疫病免疫抗体合格率（C12）	正向
		主要动物疫病发病率（C13）	负向

资料来源：笔者整理得到。

1. 产品质量水平

畜产品的质量水平是畜牧业高质量发展不可或缺的重要组成部分，包括肉蛋奶在内的畜产品是人们重要的食物蛋白来源，其质量和安全不仅直接关系到消费者的健康和满意度，也影响着畜牧业的可持续发展和市场竞争力。只有具备高品质、高安全性的畜产品才能赢得消费者的青睐和市场份额。根据数据的可得性和代表性，本章使用畜产品质量安全例行监测合格率和绿色畜产品率两个指标来反映畜产品质量水平。

（1）畜产品质量安全监测合格率。

农产品质量安全例行监测是保障农产品质量安全的重要手段之一，农业农村部农产品质量安全监管司负责组织对全国31个省（区、市）的农产品质量安全例行监测工作，其中也包括对屠宰场、养殖场、农产品批发（农贸）市场中的畜产品质量安全进行抽检，并统计各省（区、市）畜禽产品质量安全例行监测合格率。因此，本章选取畜产品质量安全监测合格率作为反映畜产品质量水平的指标之一，其通过计算合格畜产品样本量与畜产品抽检样本总量的百分比得来。

（2）绿色畜产品率。

绿色食品是指产自优良生态环境、按照绿色食品标准生产、实行全程质量控制并获得绿色食品标志使用权的安全、优质食用农产品及相关产品。中国绿色食品发展中心负责包括畜禽类产品在内的绿色食品认证工作，并对各省份绿色畜禽产品认证数量有所统计。因此，本章选择各省份绿色畜产品率作为反映畜产品质量水平的指标之一，其计算公式为：

绿色畜产品率 = 绿色畜禽产品累计认证数量 ÷ 肉蛋奶总产量 × 100%

2. 生产效率水平

畜禽生产效率水平是畜牧业高质量发展的核心内容，它直接关系到畜牧业的经济效益、市场竞争力和可持续发展。首先，畜禽生产效率水平高意味着在相同的投入下，能够获得更多的畜产品产出，降低生产成本，从而增加畜牧业的盈利能力。其次，提升生产效率在降低成本的同时也使我国的畜产品在国际市场上具有价格优势，从而增加出口量，提升畜牧业的国际竞争力。此外，提高畜禽生产效率可以减少对资源的消耗，降低废弃物的排放，减轻对环境的压力，有利于实现畜牧业的可持续发展。综合考虑数据的代表性和可得性，本章选取生猪、肉牛、肉羊、肉鸡四个主要肉用畜禽的产肉率，以及蛋鸡的产蛋率、奶牛的产奶率和劳动生产率来表示畜禽生产效率水平。

（1）生猪产肉率。

生猪产肉率使用本期期内猪肉产量与上期期末能繁母猪存栏量的比值来表示，这种算法能够较好地反映生猪综合生产效率水平。因为猪肉产量受生猪出栏量、猪的活重和屠宰率的影响，本期期内猪肉产量与上期期末能繁母猪存栏量的比值能够综合反映能繁母猪的繁殖效率、生猪活重和屠宰率的水平。该指标所用数据来源于《中国统计年鉴》。生猪产肉率的计算公式为：

生猪产肉率 = 本期期内猪肉产量 ÷ 上期期末能繁母猪存栏量 × 100%

（2）肉牛产肉率。

与生猪产肉率的计算方法类似，肉牛产肉率也使用本期期内牛肉产量与上期期末能繁母牛存栏量的比值来表示，该算法能够综合反映能繁母牛的繁殖效率、肉牛活重和屠宰率的水平。由于《中国统计年鉴》只有牛的存栏量，没有区分肉牛和奶牛；而《中国畜牧业年鉴》虽然区分了肉牛和奶牛存栏量，但是并未公布能繁母肉牛数据，为准确得到该项指标，我们从农业农村部获得各省份能繁母牛存栏量，同时为使数据口径保持一致，牛肉产量同样来自农业农村部。肉牛产肉率的计算公式为：

肉牛产肉率＝本期期内牛肉产量÷上期期末能繁母肉牛存栏量×100%

（3）肉羊产肉率。

同理，肉羊产肉率也使用本期期内羊肉产量与上期期末能繁羊存栏量的比值来表示，该算法能够综合反映能繁羊的繁殖效率、肉羊活重和屠宰率的水平。由于相关统计年鉴没有能繁母羊存栏量这项指标，本章使用的各省份能繁母羊存栏量和羊肉产量均来自农业农村部。肉羊产肉率的计算公式为：

肉羊产肉率＝本期期内羊肉产量÷上期期末能繁母羊存栏量×100%

（4）肉鸡产肉率。

肉鸡产肉率使用本期期内鸡肉产量与上期期末肉鸡存栏量的比值来表示，该算法能够综合反映肉鸡的繁殖效率、肉鸡出栏活重和屠宰率的水平。由于相关统计年鉴只有家禽存栏和禽肉产量的指标，无法将家禽存栏区分为肉禽和蛋禽，也无法将禽肉产量区分为鸡肉产量和鸭肉产量等，故本章使用的各省份肉鸡存栏量和鸡肉产量均来自农业农村部。肉鸡产肉率的计算公式为：

肉鸡产肉率＝本期期内鸡肉产量÷上期期末肉鸡存栏量×100%

（5）产蛋率。

产蛋率使用本期期内鸡蛋产量与上期期末蛋鸡存栏量的比值来表示。由于相关统计年鉴只有家禽存栏量和禽蛋产量，无法将家禽存栏区分为肉禽和蛋禽，也无法将禽蛋产量区分为鸡蛋产量和鸭蛋产量等，故本章使用的各省份蛋鸡存栏量和鸡蛋产量均来自农业农村部。产蛋率的计算公式为：

产蛋率 = 本期期内鸡蛋产量 ÷ 上期期末蛋鸡存栏量 × 100%

（6）产奶率。

产奶率使用本期期内牛奶产量与上期期末能繁母奶牛存栏量的比值来表示。由于相关统计年鉴未公布能繁母奶牛该项指标，本章使用的各省份能繁母奶牛存栏量和牛奶产量均来自农业农村部。产奶率的计算公式为：

产奶率 = 本期期内牛奶产量 ÷ 上期期末能繁母奶牛存栏量 × 100%

（7）劳动生产率。

劳动生产率，即畜牧业的物质劳动生产率，与价值劳动生产率相比，用实物产量表示的劳动生产率能去除价格因素，更能直接反映畜牧业生产效率。劳动生产率使用肉蛋奶产量与畜牧业劳动力人数的比值来表示。肉蛋奶产量数据来自历年《中国统计年鉴》，畜牧业劳动力人数通过第一产业从业人数与牧业总产值占农林牧渔总产值比重的乘积计算所得，第一产业从业人数来自 Wind 经济数据库，畜牧业产值和农林牧渔总产值来自历年《中国统计年鉴》。劳动生产率的计算公式为：

劳动生产率 = 肉蛋奶产量 ÷ 畜牧业劳动力人数 × 100%

畜牧业劳动力人数 = 第一产业从业人数 × （牧业总产值 ÷ 农林牧渔业总产值）

3. 绿色发展水平

绿色发展水平是畜牧业高质量发展的重要方面。我国畜牧业规模化养殖快速发展的同时，其产生的废弃物对环境也造成了巨大压力。因此，绿色发展也是畜牧业高质量发展的应有之义。综合考虑数据的代表性和可得性，本章选取畜禽粪污综合利用率和规模养殖场粪污处理设施装备配套率作为畜牧业绿色发展水平的两项指标。

（1）畜禽粪污综合利用率。

畜禽粪污综合利用率是衡量畜牧业绿色发展水平的重要方面，之前研究限于数据的可得性，往往没有将畜禽粪污综合利用率作为衡量畜牧业绿色发展水平的指标，而是选取农村沼气相对产量、土壤粪污负荷、水体环境负荷、生态环境负荷等相关指标进行替代，但这些指标大多数是根据地区的畜禽养殖量和人口、土地、水资源等资源禀赋计算所得，很难真正反映一个地区的畜牧业绿色发展水平的内核。本章从农业农村部获得的各省份畜禽粪污综合利用率数据，能够较好地反映畜牧业绿色发展水平，该指标使用综合利用的畜禽粪污量[①]占畜禽粪污产生总量的百分比来表示。

（2）规模养殖场粪污处理设施装备配套率。

随着我国畜禽养殖规模化程度的不断提高，规模养殖场的粪污处理程度也是反映畜牧业绿色发展水平的重要指标之一。这一指标反映了养殖场在粪污处理方面的设施装备水平和配套程度，对于评估养殖场的环保能力和绿色发展状况具有重要意义。规模养殖场粪污处理设施装备配套率的高低直接关系到养殖废弃物的处理和资源化利用效果。如果配套率高，说明养殖场具备了较为完善的粪污处理设施，能够更好地实现养殖废弃物的减量化、无害化和资源化利用，从而降低对环境的污染压力。规模养殖场粪污处理设施装备配套率根据各省份已通过县级畜牧、生态环境部门验收的规模养殖场数量占全部规模养殖场数量的比例测算而来，数据来源于农业农村部。该指标计算公式为：

规模养殖场粪污处理设施装备配套率 = 已通过县级畜牧、生态环境部门验收的规模养殖场数量 ÷ 全部规模养殖场数量 × 100%

4. 动物防疫水平

随着畜牧业规模的不断扩张和养殖密度的持续增加，畜禽疫病的威

---

① 综合利用的畜禽粪污量是指用于生产沼气且沼肥还田利用、堆（沤）肥、肥水、燃料、商品有机肥、垫料、基质等并符合有关标准或要求的畜禽粪污量。

胁在畜牧业发展中日益凸显，其对畜牧业的破坏力也呈现出扩大的趋势。近年来，各类重大动物疾病在中国时有发生，2004 年至今我国相继暴发了高致病性禽流感、高致病性猪蓝耳病、H7N9 流感、仔猪流行性腹泻、家畜小反刍兽疫和非洲猪瘟等动物疫情，对我国造成了严重的经济损失。因此，提高动物防疫水平是促进畜牧业高质量发展必然选择。根据数据的代表性和可得性，本章选取各省份动物疫病免疫抗体合格率和主要动物疫病发病率作为衡量动物防疫水平的两项指标，数据来源于农业农村部。

（1）动物疫病免疫抗体合格率。

动物疫病免疫抗体合格率是衡量动物防疫水平的重要指标之一。它反映了动物在接受疫苗免疫后，体内产生的特异性抗体水平是否达到保护标准，即能否有效抵抗相应病原体的侵袭。如果动物疫病免疫抗体合格率高，说明疫苗免疫效果好，动物体内产生了足够的保护性抗体，对相应病原体的抵抗力强，疫病暴发的风险相对较低。因此，免疫抗体合格率是评估疫苗免疫效果和动物防疫水平的关键指标。农业农村部对高致病性禽流感、口蹄疫等动物疫病实行强制免疫，并对各省份免疫抗体合格率进行了统计。本章的动物疫病免疫抗体合格率来自农业农村部。

（2）主要动物疫病发病率。

主要动物疫病发病率直接反映了防疫措施的效果。低发病率意味着动物群体相对健康，疫病传播的风险较低，同时也说明动物养殖和管理实践是良好的。而高发病率可能意味着存在管理漏洞、养殖条件不佳或防疫策略不当。农业农村部对各省主要动物疫病发病率有所统计，发病率是通过发病数与易感动物数的比值来计算所得。本章使用农业农村部统计的主要动物疫病发病率作为衡量动物防疫水平的指标之一。该指标计算公式为：

$$主要动物疫病发病率 = 发病数 \div 易感动物数 \times 100\%$$

4.2 数据来源与测度方法

4.2.1 数据来源

如表4-2所示，本章采用的数据主要来自农业农村部、《中国统计年鉴》和 Wind 经济数据库等。

表4-2　　　　　　　　　　　　评价指标数据来源

相关指标	数据来源
畜产品质量安全监测合格率、绿色畜禽产品累计认证数量、牛肉产量、能繁母肉牛存栏量、羊肉产量、能繁母羊存栏量、鸡肉产量、肉鸡存栏量、鸡蛋产量、蛋鸡存栏量、牛奶产量、能繁母奶牛存栏量、畜禽粪污综合利用率、动物疫病免疫抗体合格率、主要动物疫病发病率、规模养殖场粪污处理设施装备配套率	农业农村部
肉蛋奶产量、猪肉产量、能繁母猪存栏量、牧业总产值、农林牧渔业总产值	《中国统计年鉴》
第一产业从业人数	Wind 经济数据库

资料来源：笔者整理得到。

4.2.2 数据处理

由于选取的畜牧业高质量发展指标存在量纲上的差异，因此先使用极值法对原始数据进行标准化处理。具体计算公式：

$$正向指标: Y_{ij} = \frac{x_{ij} - x_{i,\min}}{x_{i,\max} - x_{i,\min}} \qquad (4-1)$$

$$负向指标: Y_{ij} = \frac{x_{i,\max} - x_{ij}}{x_{i,\max} - x_{i,\min}} \qquad (4-2)$$

其中，Y_{ij} 为标准化之后的指标值，x_{ij} 为第 i 个省第 j 项指标的原始数据，$x_{i,\max}$ 和 $x_{i,\min}$ 分别为第 j 项指标的最大值和最小值。

4.2.3　指标体系测度方法

1. 德尔菲法

德尔菲法，也称为专家调查法，是一种主观定性的方法。该方法由美国兰德公司于1946年创始实行，其本质上是一种反馈匿名函询法。德尔菲法具有以下几个方面的优点。第一，匿名性。专家们在参与德尔菲法的过程中保持匿名，这有助于消除权威影响，使专家们能够更自由地发表自己的看法。第二，多次反馈。德尔菲法需要经过多轮的信息反馈，每轮反馈都会将上一轮的结果汇总并匿名反馈给各位专家，以便他们根据其他专家的意见调整自己的看法。第三，统计性。德尔菲法采用统计方法对专家的意见进行汇总和分析，这有助于更全面地反映专家的观点和想法。本章对畜牧业高质量发展的指标权重也使用德尔菲法。首先，设计出指标权重调查问卷（见附录A）；其次，聘请专家对各指标进行打分，本章最终得到畜牧业经济领域专家（8人）、畜牧业企业家（5人），地方主管部门专家（5人）、农业资源与环境专家（5人）共23人的专家打分表，并将第一轮专家打分表汇总整理后反馈给各位专家，最终确定各指标权重（见表4-3）。

表4-3　　　　　　　　　德尔菲法指标权重结果

一级指标	一级指标权重	二级指标	指标权重	指标相对于总目标的权重 a_j
产品质量水平（B_1）	0.223	畜产品质量安全监测合格率（C_1）	0.5455	0.1215
		绿色畜产品率（C_2）	0.4545	0.1012

续表

一级指标	一级指标权重	二级指标	指标权重	指标相对于总目标的权重 a_j
生产效率水平（B₂）	0.350	生猪产肉率（C₃）	0.1636	0.0573
		肉牛产肉率（C₄）	0.1091	0.0382
		肉羊产肉率（C₅）	0.0955	0.0334
		肉鸡产肉率（C₆）	0.1273	0.0445
		产蛋率（C₇）	0.1455	0.0509
		产奶率（C₈）	0.1318	0.0461
		劳动生产率（C₉）	0.2273	0.0795
绿色发展水平（B₃）	0.245	畜禽粪污综合利用率（C₁₀）	0.5545	0.1361
		规模养殖场粪污处理设施装备配套率（C₁₁）	0.4455	0.1093
动物防疫水平（B₄）	0.182	动物疫病免疫抗体合格率（C₁₂）	0.4909	0.0893
		主要动物疫病发病率（C₁₃）	0.5091	0.0926

资料来源：笔者整理得到。

2. CRITIC 法

除使用主观赋权法的德尔菲法外，本章也使用了一种客观赋权的 CRITIC 法。该方法是基于评价指标的对比强度和指标之间的冲突性来综合衡量指标的客观权重。对比强度是指同一个指标各个评价方案之间取值差距的大小，以标准差的形式来表现。标准差越大，说明包含的信息量就越多，即各方案之间的取值差距越大，权重会越高。而指标之间的冲突性则使用相关系数进行表示，若两个指标之间具有较强的正相关，说明其冲突性越小，权重会越低。该方法的操作过程为：

首先，采用极值法对各指标的原始数据进行无量纲化处理。其次，计算各指标的信息量 C_j。

$$C_j = \delta_j \sum_{i=1}^{n} (1 - r_{ij}) \qquad (4-3)$$

其中，δ_j 是第 j 项指标的标准差，r_{ij} 是相关系数。

然后，计算指标权重 b_j。

$$b_j = \frac{C_j}{\sum_{i=1}^{n} C_j} \qquad (4-4)$$

由批判法确立的指标权重结果如表 4-4 所示。

表 4-4 　　　　　　　　　　　**CRITIC 法指标权重结果**

一级指标	一级指标权重	二级指标	信息量（C_j）	指标权重（b_j）
产品质量水平（B_1）	0.219	畜产品质量安全监测合格率（C_1）	2.6719	0.1047
		绿色畜产品率（C_2）	2.9112	0.1140
生产效率水平（B_2）	0.499	生猪产肉率（C_3）	1.2840	0.0503
		肉牛产肉率（C_4）	1.7581	0.0689
		肉羊产肉率（C_5）	1.7317	0.0678
		肉鸡产肉率（C_6）	2.2258	0.0872
		产蛋率（C_7）	2.5636	0.1004
		产奶率（C_8）	1.3677	0.0536
		劳动生产率（C_9）	1.8072	0.0708
绿色发展水平（B_3）	0.119	畜禽粪污综合利用率（C_{10}）	1.5466	0.0606
		规模养殖场粪污处理设施装备配套率（C_{11}）	1.4997	0.0587
动物防疫水平（B_4）	0.163	动物疫病免疫抗体合格率（C_{12}）	1.4545	0.0570
		主要动物疫病发病率（C_{13}）	2.7083	0.1061

资料来源：笔者整理得到。

3. 最终权重的确定

最后，本章对批判法和德尔菲法所得到的各指标权重进行加权平均式（4-5），得到最终的权重（见表 4-5）。

$$W_j = \frac{a_j + b_j}{2} \qquad (4-5)$$

表 4 – 5　　　　　　　　畜牧业高质量发展指标体系综合权重结果

目标层	一级指标	一级指标权重	二级指标	权重 W_j
畜牧业高质量发展水平（A）	产品质量水平（B₁）	0.221	畜产品质量安全监测合格率（C₁）	0.1131
			绿色畜产品率（C₂）	0.1076
	生产效率水平（B₂）	0.424	生猪产肉率（C₃）	0.0538
			肉牛产肉率（C₄）	0.0535
			肉羊产肉率（C₅）	0.0506
			肉鸡产肉率（C₆）	0.0659
			产蛋率（C₇）	0.0757
			产奶率（C₈）	0.0499
			劳动生产率（C₉）	0.0752
	绿色发展水平（B₃）	0.182	畜禽粪污综合利用率（C₁₀）	0.0983
			规模养殖场粪污处理设施装备配套率（C₁₁）	0.0840
	动物防疫水平（B₄）	0.172	动物疫病免疫抗体合格率（C₁₂）	0.0731
			主要动物疫病发病率（C₁₃）	0.0993

资料来源：笔者整理得到。

4.3 畜牧业高质量发展水平测算结果及分析

通过前面数据、方法和步骤，最终得到 2010～2020 年我国 31 个省（区、市）畜牧业高质量发展水平指数，以及产品质量水平、生产效率水平、绿色发展水平和动物防疫水平分项指数，分析结果如下。

4.3.1　全国层面畜牧业高质量发展水平及变化

1. 我国畜牧业高质量发展水平持续提升

2010～2020 年我国畜牧业高质量发展水平指数平均值为 0.4595，总体还处于中等偏低的水平。不过，近年来我国畜牧业高质量发展水平整体呈现上升的趋势，已从 2010 年的 0.3587 增加到了 2020 年的 0.5955，十年间提升了 66.0%，年均增长率为 5.2%（见表 4-6）。本章也使用图 4-1 更加直观地展现我国畜牧业高质量发展水平变化情况。

表 4-6　　　　　　2010～2020 年中国畜牧业高质量发展水平

年份	畜牧业高质量发展	产品质量	生产效率	绿色发展	动物防疫
2010	0.3587	0.0969	0.1129	0.0453	0.1036
2011	0.3747	0.0995	0.1186	0.0513	0.1053
2012	0.3901	0.0987	0.1268	0.0575	0.1070
2013	0.4019	0.0962	0.1330	0.0641	0.1087
2014	0.4182	0.0962	0.1405	0.0709	0.1106
2015	0.4466	0.1092	0.1469	0.0780	0.1124
2016	0.4672	0.1083	0.1524	0.0855	0.1211
2017	0.5019	0.1128	0.1623	0.0926	0.1342
2018	0.5454	0.0954	0.1712	0.1352	0.1436
2019	0.5544	0.0857	0.1805	0.1369	0.1512
2020	0.5955	0.1030	0.1938	0.1409	0.1577
平均值	0.4595	0.1002	0.1490	0.0871	0.1232
2010～2020 年增幅	66.0%	6.3%	71.7%	211.3%	52.3%
年均增长率	5.2%	0.6%	5.6%	12.0%	4.3%

资料来源：笔者计算整理得到。

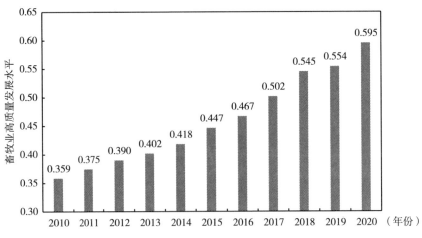

图 4-1　2010～2020 年我国畜牧业高质量发展水平

资料来源：笔者计算整理得到。

2. 畜牧业绿色发展水平增速最快，其次依次为生产效率水平、动物防疫水平、产品质量水平

从不同维度的畜牧业高质量发展水平变化趋势来看，绿色发展水平增速最快，从 2010 年的 0.0453 提高到了 2020 年的 0.1409，十年间提升了 211.3%，年均增长率为 12.0%。这与 2010 年开始国家对环境保护日趋重视紧密相关，自 2010 年环境保护部颁布《畜禽养殖业污染防治技术政策》以来，我国环保政策密集出台，特别是"十二五"规划以来，《畜禽规模养殖污染防治条例》、《土壤污染防治行动计划》、《大气污染防治行动计划》、《水污染防治行动计划》、《畜禽养殖禁养区划定技术指南》、《中共中央 国务院关于全面加强生态环境保护坚决打好污染防治攻坚战的意见》、《国务院办公厅关于促进畜牧业高质量发展的意见》等一系列相关政策陆续出台。这些政策倒逼畜牧业转型升级，加快了畜牧业的绿色发展。生产效率水平增长速度第二，从 2010 年的 0.1129 提高到了 2020 年的 0.1938，十年间提升了 71.7%，年均增长率为 5.6%。动物防疫水平增长速度第三，从 2010 年的 0.1036 提高到了 2020 年的 0.1577，十年间提升了 52.3%，年均增长率为 4.3%。产品质量水平的增长速度最慢，从 2010 年的 0.0969 提高到了 2020 年的 0.1030，十年间提升了 6.3%，年均增长率为 0.6%。这主要是因为我国产品质量水平一直均稳定在较高水平，例如，每年公布的所有畜产品的质量检测合格率都在 95% 以上。

4.3.2 省域层面畜牧业高质量发展水平及变化

1. 我国畜牧业高质量发展水平整体呈现东部高、西部低的特征

从 2010～2020 年我国 31 个省（区、市）畜牧业高质量发展平均水平来看，处于第一方阵的依次为北京、上海、江苏、天津，其畜牧业高质量发展水平指数处于 0.5506 ~ 0.6372。福建、山东、安徽、河北、广东、辽宁 6 个省份的畜牧业高质量发展水平位于第二方阵，其值处于 0.4892 ~ 0.5506。畜牧业高质量发展水平位于第三方阵的省份由高到低依次为内蒙古、重庆、湖北、四川、江西、吉林、河南、山西，其值处于 0.4239 ~ 0.4892。畜牧业高质量发展水平位于第四方阵的省份由高到低依次为湖南、宁夏、陕西、广西、黑龙江、青海、海南、新疆、云南，其值处于 0.3368 ~ 0.4239。畜牧业高质量发展水平最后一个档次的地区由高到低依次是甘肃、贵州和西藏，其值处于 0.2369 ~ 0.3368。

2. 西部地区畜牧业高质量发展水平增长速度较快

从 2010 ~ 2020 年各省份畜牧业高质量发展水平的平均增长率来看（见表 4 - 7），其中有 7 个省份平均增长率超过了 7%，分别是西藏（9.4%）、贵州（9.2%）、甘肃（8.7%）、黑龙江（8.1%）、青海（7.8%）；年均增长率介于 6% ~ 7% 的有 4 个，分别为新疆（6.9%）、云南（6.3%）、宁夏（6.1%）、浙江（6.1%）。可以看出，畜牧业高质量发展水平增长速度较快的省份主要集中在西部地区。2010 ~ 2020 年畜牧业高质量发展水平年均增长速度较慢的地区主要有上海（3.2%）、北京（3.8%）、广东（3.8%）、辽宁（3.8%）、内蒙古（3.8%）、江苏（3.9%），不过，年均增长速度较慢的省份畜牧业高质量发展水平整体处于较高水平。

从各省份的排名变化情况看，内蒙古和广西排名下降最多，均下降了 9 位；江西、海南和四川均下降了 5 位。黑龙江、浙江和青海排名提升幅度较大，分别提升了 14 位、11 位和 8 位。其他省份 2020 年高质量发展水平较 2010 年变化均稳定在 4 位以内。

表 4 - 7　　　　　　2010 ~ 2020 年各省畜牧业高质量发展水平及变化

省份	2010 年		2020 年		2020 年较 2010 年排名变化	2010 ~ 2020 年均增长率（%）
	得分	排名	得分	排名		
北京	0.5312	2	0.7681	1	1	3.8
天津	0.4767	4	0.7549	2	2	4.7
河北	0.4137	10	0.6392	8	2	4.4
山西	0.3445	18	0.5420	22	-4	4.6
内蒙古	0.3888	11	0.5629	20	-9	3.8
辽宁	0.4262	7	0.6172	10	-3	3.8
吉林	0.3578	15	0.5851	15	0	5.0
黑龙江	0.2839	25	0.6168	11	14	8.1
上海	0.5317	1	0.7314	4	-3	3.2
江苏	0.5012	3	0.7348	3	0	3.9
浙江	0.3544	17	0.6380	9	8	6.1
安徽	0.4302	6	0.6486	7	-1	4.2
福建	0.4245	8	0.7119	6	2	5.3
江西	0.3677	13	0.5739	18	-5	4.6
山东	0.4377	5	0.7126	5	0	5.0
河南	0.3434	19	0.5644	19	0	5.1
湖北	0.3545	16	0.6127	12	4	5.6
湖南	0.3395	20	0.5586	21	-1	5.1
广东	0.4199	9	0.6120	13	-4	3.8
广西	0.3249	21	0.4987	30	-9	4.4
海南	0.2924	24	0.5091	29	-5	5.7
重庆	0.3599	14	0.6079	14	0	5.4
四川	0.3807	12	0.5785	17	-5	4.3
贵州	0.2139	30	0.5134	28	2	9.2
云南	0.2809	26	0.5198	27	-1	6.3
西藏	0.1475	31	0.3609	31	0	9.4
陕西	0.3227	22	0.5232	25	-3	4.9
甘肃	0.2270	29	0.5216	26	3	8.7
青海	0.2738	27	0.5786	16	11	7.8
宁夏	0.2972	23	0.5349	23	0	6.1
新疆	0.2697	28	0.5280	24	4	6.9

4.4 本章小结

　　本章从产品质量水平、生产效率水平、绿色发展水平和动物防疫水平四个方面构建指标体系，并运用德尔菲法和批判法主观和客观相结合的方式测度 2010～2020 年我国 31 个省（区、市）的畜牧业高质量发展水平。得出以下主要结论：第一，我国畜牧业高质量发展水平整体呈现上升的趋势，已从 2010 年的 0.3587 增加到了 2020 年的 0.5955，十年间提升了 66.0%，年均增长率为 5.2%。第二，从不同维度的变化趋势来看，绿色发展水平增速最快，其次依次为生产效率水平、动物防疫水平、产品质量水平。第三，分省域来看，2010～2020 年中国畜牧业高质量发展平均水平总体呈现从东到西递减的趋势。畜牧业高质量发展水平较高的地区集中在东南沿海地区，主要包括京津冀、长三角、广东、福建、山东、辽宁等省份；畜牧业高质量发展水平较低的地区主要为中西部地区。不过，2010～2020 年西部地区畜牧业高质量发展水平年均增长速度相对较快。

第5章

科技投入、技术创新对畜牧业高质量发展的影响

——基于省级面板数据

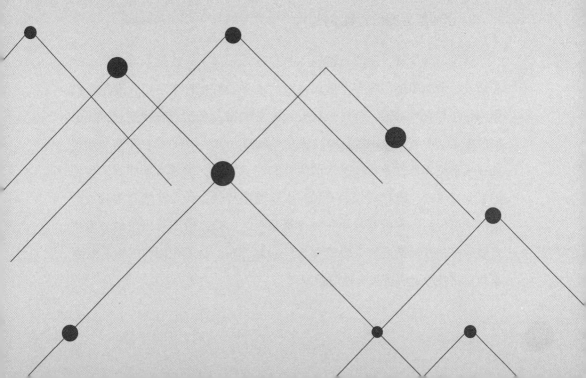

本章主要从省级层面数据，通过实证分析来探究科技投入、技术创新对畜牧业高质量发展的影响。首先，考虑到科技投入的滞后性，使用永续盘存法构造出各省份畜牧业科技投资存量来表征科技投入变量。其次，基于前面测算的畜牧业高质量发展水平，通过空间计量模型和中介效应模型，从宏观层面来探究科技投入、技术创新对畜牧业高质量发展的影响。

5.1 | 变量说明与模型设定

5.1.1 变量说明

1. 被解释变量：畜牧业高质量发展水平

畜牧业高质量发展水平使用第 4 章测算出来的畜牧业高质量发展水平来表示。

2. 核心解释变量：科技投入

这里的科技投入指的是畜牧业科技投入，由于科技投入之后需要经历研发、试验和推广等多个阶段，因此畜牧业科技投入对畜牧业生产的影响往往具有滞后性，若以科技投入流量数据直接作为解释变量可能会对模型结果造成偏差。借鉴相关研究（陈鸣，2017），本章使用畜牧业科技存量来刻画畜牧业科技投入的累计和滞后特征，同时考虑到不同省份的畜牧业生产规模存在较大差异，本章使用畜牧业科技存量与畜牧业产值的比值得到各省份畜牧业科技存量强度，此外，由于算出来的各省份畜牧业科技存量强度数量级较大且呈右偏分布，最后在回归时对各省份畜牧业科技存量强度取自然对数处理。

各省份各年度畜牧业科技存量的计算过程如下：

鉴于各省份畜牧业科技存量的数据在我国官方和民间均未统计公布，本章借鉴相关研究（陈小亮，2012；尹朝静，2017）的做法，使用永续盘存法（perpetual inventory method，PIM）来估算我国 31 个省份的畜牧业科技存量。具体做法如下：

首先，确定第 t 期畜牧业科技存量计算公式为：

$$R_t^c = \sum_{i=1}^{n} \mu_i R_{t-i} + (1-\delta) R_{t-1}^c \qquad (5-1)$$

其中，R_t^c 为 t 期的畜牧业科技存量，R 为科技投入流量，μ_i 为畜牧业科技支出滞后贴现系数，δ 为折旧率。参考相关研究，我们给出两个假定。假定一，设平均滞后期为 θ，$t-\theta$ 期的畜牧业科技支出直接构成了第 t 期的畜牧业科技存量；假定二，畜牧业科技投入平均滞后期为 5 年[①]，即 $\theta = 5$，那么从 $t-5$ 期至 $t-1$ 期，畜牧业科技投入对畜牧业科技存量的作用依次递减，每次递减 20%。则第 t 期畜牧业科技存量表示为：

$$R_t^c = 0.2 \times R_{t-1} + 0.4 \times R_{t-2} + 0.6 \times R_{t-3} + 0.8 \times R_{t-4} + R_{t-5} + (1-\delta) R_{t-1}^c$$
$$(5-2)$$

其次，需要计算出各省份每年的畜牧业科技投入流量 R，目前官方对各省份科技投入流量的数据统计只有全行业，借鉴相关研究（肖小勇和李秋萍，2013），使用调整系数法对各省份每年的畜牧业科技投入流量进

---

① 关于畜牧业科技投入滞后期数，本章是参考相关研究、结合畜牧业实际情况、咨询专家最终确定的。首先，关于畜牧业科技投资的滞后期数量，樊胜根等（2000）使用多项分布滞后模型发现畜牧业科研投资的滞后期为 13 年；而周宁（2011）测算畜牧业科研投资滞后期为 7 年。关于在永续盘存法中确定畜牧业滞后期的文献还未有，但已有文献在永续盘存法中对农业科技投资的滞后期进行了探讨，李强和刘冬梅（2011）认为，虽然樊胜根等（2000）确定种植业科研投资的滞后期是 14 年，周宁（2011）测算种植业科研投资的滞后期是 10 年，但斯通（Stone，1990）指出中国粮食作物从改良到推广只需 3~5 年，甚至有些地区两三年便更换品种，且为方便计算，他们把农业科技投资滞后期设置为 1 年，之后该做法也在肖小勇和李秋萍（2013）、陈鸣（2017）等研究中得到应用。本章认为，由于畜牧业的繁殖周期较种植业相对更长，因此畜牧业科技投资的滞后期一般更长，通过课题组对畜牧业科技投资的长期观察以及咨询相关畜牧科技领域的专家，本章最终将畜牧业科技投入的滞后期设定为 5 年。

行估计。各省份畜牧业科技投入流量 = 全行业科技投入流量 × 调整系数，调整系数 E 为：

$$E_{ij} = 0.5 \times \frac{R_t^A}{R_t^T} + 0.5 \times \frac{Y_{it}}{GDP_{it}} \tag{5-3}$$

其中，R_t^A 为第 t 期全国畜牧业科技投入流量，R_t^T 为第 t 期全国全行业科技投入流量，Y_{it} 为 i 省份 t 期牧业总产值，GDP_{it} 为 i 省份 t 期国内生产总值。畜牧业科技投入流量占全行业科技投入流量比例的权重为50%，各省份牧业总产值占 GDP 比例的权重也为50%。

再次，由于每年的科技投入流量是名义值，为消除价格因素的影响，本文使用科技投入价格平减指数，将科技投入的名义值缩减为实际值。参考相关研究（李强和刘冬梅，2011），科技投入价格平减指数通过消费者价格指数与固定资产投资价格指数的平均数得来。本章最终将科技投入流量换算成以1998年为基期的不变价。

最后，通过确定基期畜牧业科技存量就能估算出各省历年的畜牧业科技存量。

$$R_0^c = R_0/(g + \delta) \tag{5-4}$$

其中，R_0^c 为基期畜牧业科技存量，R_0 为基期畜牧业科技流量，g 为畜牧业科技存量的平均增长率（使用1999～2020年畜牧业科技投入的算术平均增长率来替代），δ 为畜牧业科技资本折旧率，设定为15%。

3. 中介变量：技术创新

这里的技术创新指的是畜牧业技术创新。借鉴已有文献的通常做法，本章也使用专利数量来代表技术创新指标。与科技投入选择的科技存量作为代理变量相对应，本章也选择专利数量的存量，即各省份各年度专利数量的有效量[①]作为技术创新的代理变量。与科技存量强度（畜牧业科

[①] 有效量指报告期末处于专利权维持状态的案卷数量。与申请量和授权量不同，有效量是存量数据而非流量数据。数据来源于国家知识产权局。

技存量与畜牧业产值的比值）相对应，本章使用畜牧业专利有效量与畜牧业产值的比值来表示畜牧业专利存量强度，由于公开的统计数据没有关于畜牧业专利有效量，本章使用各省份专利有效量与各省份地区生产总值的比值来替代。我国统计的专利类型分为发明专利、实用新型专利和外观设计三种。鉴于外观设计专利主要为外在表现形式，不涉及产品的功能、结构或技术特性，与之相比，发明专利和实用新型专利更注重技术创新和实用性。因此本章在统计专利有效量时只选择了发明专利和实用新型专利两种类型。此外，由于算出来的各省份技术创新数量级较大且呈右偏分布，在回归模型运行时对各省份技术创新取自然对数处理。技术创新的表示公式为：

$$技术创新 = \frac{畜牧业专利有效量}{畜牧业产值}$$

$$= \frac{所有行业(发明专利 + 实用新型专利)有效量}{地区生产总值}$$

4. 控制变量

（1）规模化程度。

本章界定的规模化程度是指畜禽养殖规模化程度，公式为：

$$规模化程度 = \sum_{j=1}^{6} \left(\frac{g_j}{G_j} \right) \times \left(\frac{b_j}{\sum_{j=1}^{6} b_j} \right) \qquad (5-5)$$

其中，j 指的是主要畜禽品种，从 1 至 6 分别代表生猪、肉牛、肉羊、奶牛、肉鸡和蛋鸡，g 为规模化养殖①的出栏数或存栏数，G 为畜禽养殖出栏总数或存栏总数，b 表示每种畜产品的蛋白当量②。

---

① 参考农业农村部对各畜种养殖规模化的定义标准，生猪、肉牛、羊、肉鸡分别为年出栏 500 头以上、50 头以上、100 只以上、10000 只以上，奶牛和蛋鸡分别为年存栏 100 头以上、2000 只以上为规模化养殖。

② 依据《中国食物成分表》，将猪肉、禽肉、禽蛋、牛肉、羊肉、奶分别按照 100g 等于 15.1g、20.3g、13.1g、20.0g、18.5g、3.3g 蛋白进行换算。

（2）组织化程度。

组织化程度使用畜牧业合作社相对数量来表示，即畜牧业合作社数量与畜牧业劳动力的比值。本章采用每百万畜牧业劳动力所匹配的合作社相对数量衡量畜牧业组织化水平。组织化程度计算公式如下：

组织化程度＝畜牧业合作社数量÷畜牧业劳动力总数

（3）机械化程度。

机械化程度采用畜牧养殖机械保有量总功率与肉蛋奶产量的比值来表示。畜牧养殖机械包括畜牧饲养机械和畜产品采集加工机械。机械化程度的计算公式如下：

机械化程度＝畜牧养殖机械保有量总功率÷肉蛋奶产量

（4）信息化程度。

参考已有研究，本章选择农村互联网普及率作为信息化程度的代理变量。信息化程度计算公式如下：

信息化程度＝农村宽带接入用户÷农村常住人口

（5）畜牧兽医服务人员密度。

畜牧兽医服务人员在畜牧业科技知识的传递和推广方面发挥着重要作用，对畜牧业高质量发展可能会产生一定的影响。因此本章也将畜牧兽医人员服务密度也纳入控制变量，即畜牧兽医职工总数与畜禽养殖猪当量的比值[①]。畜牧兽医服务人员密度计算公式如下：

畜牧兽医服务人员密度＝畜牧兽医职工总数÷畜禽养殖猪当量

5. 空间权重矩阵

根据地理学第一定律，空间上的任何经济现象都与其周边地区有关联和依赖，且越邻近的地区联系越为紧密。为避免经济距离空间权重矩

---

① 猪当量的折算标准是：100 头猪＝15 头奶牛；100 头猪＝30 头肉牛、100 头猪＝250 只羊、100 头猪＝2500 只家禽；折算标准来源于《畜禽养殖废弃物资源化利用工作考核办法（试行）》。

阵存在的内生性问题，本章选用了严格外生的空间邻接矩阵（W1）和地理距离矩阵（W2），考虑到两个区域间的空间效应随着距离的增加而加速减少，地理距离矩阵（W2）中考虑了空间衰减效应。其中，31 个省（区、市）的经纬度信息是从自然资源部下载的标准地图中提取，图审号为 GS（2020）4630。

5.1.2 模型设定

畜牧业高质量发展不仅受到本地区科技投入和技术创新的影响，还可能受到周边地区同类因素的影响，如地区间的技术溢出和资源共享，可能会导致模型存在空间相关性。同时，各地区在资源禀赋、经济发展水平、政策环境等方面存在差异，可能导致科技投入和技术创新对畜牧业高质量发展影响存在空间异质性。传统的计量经济模型未能考虑这些空间性质，可能导致参数估计偏误。因此，本章构建考察科技投入、技术创新对畜牧业高质量发展影响的基准回归模型如下：

$$HQ_{it} = \beta_0 + \beta_1 \ln ST_{it} + \rho WHQ_{it} + \gamma Controls_{it} + \varepsilon_{it} \qquad (5-6)$$

$$HQ_{it} = \beta_0 + \beta_1 \ln IN_{it} + \rho WHQ_{it} + \gamma Controls_{it} + \varepsilon_{it} \qquad (5-7)$$

其中，i 代表省份，t 代表年份。被解释变量 HQ 表示畜牧业高质量发展水平，ST 表示科技投入，IN 表示技术创新，$Controls$ 表示控制变量组，δ 表示省份和时间固定效应，ε 表示随机扰动项，β_0 为常数项，β_1 和 γ 为待估计系数，ρ 为空间滞后项系数，W 为空间权重矩阵。

为检验技术创新的中介效应，本章参考已有研究（Baron and Kenny，1986；项后军和张清俊，2020；江艇，2022），本章使用两步法来刻画中介效应检验：

$$HQ_{it} = \beta_0 + \beta_1 \ln ST_{it} + \gamma Controls_{it} + \delta + \varepsilon_{it} \qquad (5-8)$$

$$IN_{it} = \beta_0 + \beta_2 \ln ST_{it} + \gamma Controls_{it} + \delta + \varepsilon_{it} \qquad (5-9)$$

其中，*HQ* 是结果变量，表示畜牧业高质量发展水平；*ST* 是核心解释变量，表示科技投入；*IN* 是中介变量，表示技术创新。式（5-8）表示科技投入对畜牧业高质量发展水平有因果影响；式（5-9）表示科技投入对技术创新有因果影响；从而建立起科技投入→技术创新→畜牧业高质量发展水平的因果链条。

5.2 数据来源和描述性统计

5.2.1 数据来源

本章采用的数据主要来自 2010～2020 年《中国统计年鉴》、《中国科技统计年鉴》、《中国畜牧兽医年鉴》、农业农村部、国家知识产权局等，具体各项指标及变量的数据来源如表 5-1 所示。

表 5-1 变量的数据来源

变量或指标	数据来源
畜牧业高质量发展水平	第 4 章测算得来
全国畜牧业科技支出、全国科技总支出	《中国科技统计年鉴》
牧业总产值、全国和各地区生产总值（GDP）、消费者价格指数、固定资产投资价格指数、主要畜产品产量、农村宽带接入用户数量、农村常住人口数、人均 GDP、	《中国统计年鉴》
各省份发明专利和实用新型专利有效量	国家知识产权局
畜禽养殖规模相关数据	农业农村部
各省份畜牧业合作社数量	中国农村合作经济统计年报
各省份畜牧养殖机械保有量总功率	《中国农业机械工业年鉴》
畜牧兽医职工总数	《中国畜牧兽医年鉴》

5.2.2 描述性统计

本章的主要变量描述性统计如表 5 - 2 所示。畜牧业高质量发展水平的均值是 0.459，标准差为 0.120，表明数据结果无明显偏态。畜牧业科技投入（畜牧业科技存量与畜牧业产值的比值）均值为 393，标准差为 800，最小值为 26，最大值为 8400，说明我国各省份的畜牧业科技投入差异很大。畜牧业技术创新的均值为 3.894，标准差为 3.226，最小值为 0.286，最大值为 18.715，说明我国各省份畜牧业技术创新水平也存在一定差距。

表 5 - 2   变量的描述性统计结果

变量名称	代理变量、计算方法、单位	均值	标准差	最小值	最大值
畜牧业高质量发展水平	第 4 章测算得来	0.459	0.120	0.148	0.768
科技投入	畜牧业科技存量/畜牧业产值	393.067	799.738	26.055	8400.497
技术创新	畜牧业专利有效量/畜牧业产值	3.894	3.226	0.286	18.715
规模化程度	畜禽养殖规模化程度（%）	53.010	20.986	0.199	99.466
机械化程度	畜牧养殖机械总功率/肉蛋奶产量	0.044	0.032	0.007	0.197
组织化程度	畜牧业合作社数量/畜牧业劳动力总数	62.098	51.418	3.716	271.633
信息化程度	农村宽带接入用户/农村常住人口	0.138	0.122	0.003	0.639
畜牧兽医服务人员密度	畜牧兽医职工总数/畜禽养殖猪当量	1.814	0.996	0.351	7.042

注：为使描述性统计有意义，此表中的科技投入、技术创新、组织化程度、地区经济水平为原值信息，在后面的回归分析中进行了取自然对数处理。

资料来源：笔者计算后整理而得。

5.3 实证结果与分析

5.3.1 空间溢出效应检验

为对科技投入、技术创新影响畜牧业高质量发展的空间溢出效应进行全面的考察，本章分别采用全域 Moran's I 指数和局部 Moran 散点图进行检验。其中，全域 Moran's I 指数的计算方法参考叶阿忠等（2015）的研究，局部 Moran 散点图以畜牧业高质量发展水平作为横轴，其空间滞后值作为纵轴，选取 2010 年、2015 年和 2020 年为例进行绘图，结果如表 5-3 及图 5-1 所示。由表 5-3 可以看出，2010~2020 年畜牧业高质量发展水平的 Moran's I 指数计算结果均大于 0 且均在 1% 的水平上显著，说明畜牧业高质量发展水平存在明显的空间正相关性。由图 5-1 可以看出，大部分省份均位于第一和第三象限，表明畜牧业高质量发展水平在省际存在显著的正向空间溢出效应。

表 5-3　　　　　　　　　　Moran's I 计算结果

年份	Moran's I 指数	Z 得分	P 值
2010	0.455	4.122	0.000
2011	0.467	4.224	0.000
2012	0.468	4.230	0.000
2013	0.501	4.497	0.000
2014	0.506	4.555	0.000
2015	0.539	4.830	0.000
2016	0.488	4.426	0.000
2017	0.568	5.096	0.000
2018	0.498	4.466	0.000
2019	0.536	4.761	0.000
2020	0.498	4.521	0.000

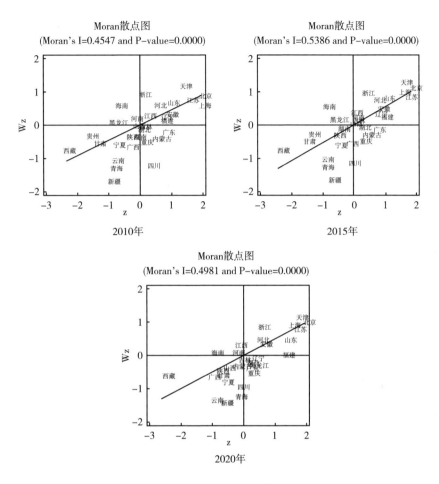

图 5 - 1　Moran 散点图

5.3.2　空间模型选择检验

在对模型进行估计之前，需要对空间计量模型进行选择性检验。检验结果如表 5 - 4 所示。综合 LM 检验、LR 检验、Wald 检验、Hausman 检验及联合显著性检验的结果，本章首先基于空间权重矩阵 W1，选用固定效应的空间杜宾模型（spatial durbin model，SDM）对基准模型进行回归分析。此外，本章还重点考虑了模型中因变量的空间相关特征所导致的内生性问题。若采用传统 OLS 估计方法，会导致模型估计结果不一致（Lesage and Pace，2009）。同时，对于固定效应的空间计量模型，若采用传统 MLE 方法估计的结果可能是有偏的。因此，本章采用了李和于（Lee and Yu，2010）提出的 QML 方法对基准模型进行估计。

表 5 - 4 　　　　　　　　　　　空间模型选择检验

检验方法	指标	χ^2	P - value
LM 检验	Moran's I	12.132	0.000
	LM - err	132.644	0.000
	R - LM - err	139.800	0.000
	LM - lag	9.369	0.002
	R - LM - lag	16.525	0.000
Hausman 检验	Hausman	23.00	0.000
LR 检验	LR - lag	16.48	0.011
	LR - err	16.53	0.011
Wald 检验	Wald	16.73	0.010
联合显著性检验	IND	84.14	0.0000
	Time	490.53	0.0000

5.3.3　科技投入、技术创新对畜牧业高质量发展的影响分析

表 5 - 5 报告了基于空间权重矩阵 W1 的基准回归结果，并采用莱盖和佩斯（Lesage and Pace，2009）的偏微分方法将科技投入和技术创新对畜牧业高质量发展的估计系数进一步分解为直接效应和间接效应，以此更为准确地呈现科技投入和技术创新对畜牧业高质量发展的实际影响程度。

表 5 – 5　　　　　　　　　　　空间杜宾模型基准回归结果

变量	(1)				(2)			
	主回归	直接效应	间接效应	总效应	主回归	直接效应	间接效应	总效应
科技投入	0.044 *** (9.94)	0.043 *** (9.83)	0.036 *** (3.82)	0.079 *** (7.37)				
技术创新					0.060 *** (7.36)	0.061 *** (7.18)	0.026 (1.58)	0.087 *** (4.02)
控制变量	已控制	已控制	已控制	已控制	已控制	已控制	已控制	已控制
省份固定效应	已控制				已控制			
时间固定效应	已控制				已控制			
ρ	0.505 *** (9.61)				0.398 *** (6.58)			
R^2	0.804				0.893			

注：① *** 表示1%的显著性水平；②括号内数字为 Z 统计量。

由列（1）的主回归结果可知，科技投入对畜牧业高质量发展有显著的正向影响，且在1%的水平上显著。这表明科技投入能够通过改善畜牧业生产要素质量、提升畜牧业知识存量等方面来促进畜牧业高质量发展。从模型（1）的效应分解情况来看，科技投入对畜牧业高质量发展的直接效应显著为正，表明科技投入能对本省畜牧业高质量发展有促进作用；科技投入对畜牧业高质量发展的间接效应也显著为正，表明科技投入对邻近省份的畜牧业高质量发展也存在促进作用，即产生了正向的空间溢出效应。该结果验证了研究假设 H1。

由列（2）的主回归结果可知，技术创新对畜牧业高质量发展均具有显著的正向影响，且在1%的水平上显著。验证了研究假设 H2 中的技术创新会显著提升畜牧业高质量发展水平。这表明畜牧业相关方面的技术创新能够促进畜产品质量提升、提高畜禽生产效率、促进畜禽废弃物资源化利用以及提升动物防疫水平、从而显著提升畜牧业高质量发展水平。

从效应分解情况来看，技术创新的直接效应在1%的水平上显著为正，但间接效应不显著。这表明技术创新对本省畜牧业高质量发展具有正向促进作用，但对邻近省份的畜牧业高质量发展促进作用不明显，即空间溢出效应不明显。这没有验证 H2 中的技术创新存在正向的空间溢出效应。可能是由于畜牧业技术扩散的局限性、地区间发展差异、技术应用门槛等多方面因素共同作用的结果。具体而言，一方面，技术创新在初期往往集中在发源地，如果扩散过程缓慢或受阻，邻近省份可能无法及时受益。另一方面，不同省份地区的畜牧业发展基础、资源条件、市场需求等存在差异，这些差异可能导致某些技术创新在特定地区能够显著促进畜牧业高质量发展，而在其他地区则不明显。此外，一些先进的畜牧业技术可能要求较高的投入、特定的设施或专业的管理，如果邻近省份地区在这些方面存在不足，就可能限制技术的有效应用。

5.3.4 技术创新在科技投入与畜牧业高质量发展关系中的中介效应

技术创新在科技投入与畜牧业高质量发展关系中的中介效应回归结果如表 5-6 所示。列（1）结果显示，科技投入对畜牧业高质量发展水平有显著正向影响。列（2）结果显示，科技投入对技术创新的影响在1%的统计水平上显著为正。这表明畜牧业科技投入能够通过促进畜牧业技术创新来提升畜牧业高质量发展水平，验证了研究假设 H3。

表 5-6   技术创新在科技投入与畜牧业高质量发展关系中的
中介效应回归结果

变量	畜牧业高质量发展水平 （1）	技术创新 （2）
科技投入	0.037 *** (3.96)	0.176 *** (4.29)

续表

变量	畜牧业高质量发展水平 （1）	技术创新 （2）
控制变量	已控制	已控制
省份固定效应	已控制	已控制
观测值数	341	341
R^2	0.944	0.954

注：① *** 表示1%的显著性水平；②括号内数字为依据省级层面聚类稳健标准误测算的 Z 统计量。

5.4 稳健性检验

5.4.1 改变参数估计方法

首先，使用广义空间两阶段最小二乘法（generalized spatial two - stage least squares，GS2SLS）处理潜在的内生性问题。GS2SLS 采用自变量及其空间滞后项作为因变量的工具变量（Elhorst，2014），即使在模型存在异方差的情况下，其估计量仍然一致（Arraiz et al. ，2010）。由于本研究基准回归采用 SDM 模型进行估计，模型右边已经包含各自变量的一阶滞后项，为避免弱工具变量问题，我们设定工具变量至少包含自变量的三阶空间滞后项。其次，为应对反向因果导致的内生性问题，本研究同时对其他自变量取滞后一期进行估计（邵帅，2022），具体结果如表5-7所示。从表5-7可以看出，在解决可能存在的内生性问题之后，科技投入和技术创新的回归系数及效应分解结果与基准回归基本一致，说明回归结果较为稳健。

表 5 –7 GS2SLS 估计结果

变量	(1)				(2)			
	主回归	直接效应	间接效应	总效应	主回归	直接效应	间接效应	总效应
科技投入	0.037 *** (6.88)	0.031 *** (5.13)	0.021 *** (8.71)	0.056 ** (2.31)				
技术创新					0.060 *** (7.36)	0.061 *** (7.18)	0.026 (1.58)	0.087 *** (4.02)
控制变量	已控制	已控制	已控制	已控制	已控制	已控制	已控制	已控制
地区效应	已控制				已控制			
时间效应	已控制				已控制			
ρ	0.468 *** (4.33)				0.398 *** (6.58)			
第一阶段 F 统计量	150.586 (0.0000)				193.773 (0.0000)			
第二阶段 F 统计量	210.661 (0.0000)				169.538 (0.0000)			
Pseudo R^2	0.844				0.854			

注：① ** 和 *** 分别表示 5% 和 1% 的显著性水平；②括号内数字为 Z 统计量。

5.4.2 替换空间权重矩阵

考虑到不同空间权重矩阵的设定，会影响各解释变量的估计结果，可能会存在稳健性不足的问题（邵帅，2022）。因此，本章继续采用地理距离矩阵（W2）替换空间邻接矩阵（W1）进行估计，再次检验回归的稳健性，结果如表 5 –8 所示。从表 5 –8 可以看出，替换地理距离矩阵之后，科技投入和技术创新对畜牧业高质量发展仍然具有显著的正向影响，主回归及效应分解结果与基准回归基本一致。

表 5 - 8　　　　　　　　　　　　替换空间权重矩阵后估计结果

变量	(1)				(2)			
	主回归	直接效应	间接效应	总效应	主回归	直接效应	间接效应	总效应
科技投入	0.039 *** (9.52)	0.040 *** (9.13)	0.049 *** (2.91)	0.089 *** (4.83)				
技术创新					0.020 * (1.73)	0.024 ** (2.06)	0.012 (1.69)	0.039 *** (2.61)
控制变量	已控制	已控制	已控制	已控制	已控制	已控制	已控制	已控制
地区效应	已控制				已控制			
时间效应	已控制				已控制			
ρ	0.332 *** (3.06)				0.341 *** (3.98)			
R - squared	0.769				0.740			

注：①＊、＊＊、＊＊＊分别表示10％、5％和1％的显著性水平；②括号内数字为 Z 统计量。

5.5 本章小结

　　本章基于2010～2020年31个省（区、市）的面板数据，构造了畜牧业科技投入、技术创新变量，通过空间计量模型和中介效应模型实证分析了科技投入、技术创新对畜牧业高质量发展的影响，主要得出以下几点研究结论：第一，科技投入能够显著提升畜牧业高质量发展水平；从空间效应来看，科技投入不仅能够促进本省畜牧业高质量发展水平，而且对邻近省份的畜牧业高质量发展水平也存在促进作用，即产生了正向的空间溢出效应。第二，技术创新能够显著提升畜牧业高质量发展水平；从空间效应来看，技术创新对本省畜牧业高质量发展具有正向促进作用，但对邻近省份的畜牧业高质量发展促进作用不明显，即空间溢出效应不明显。第三，机制研究发现，科技投入能通过促进技术创新来进一步提升畜牧业高质量发展水平。

第 6 章

科技投入、技术创新对畜牧业企业高质量发展的影响
——基于上市公司数据

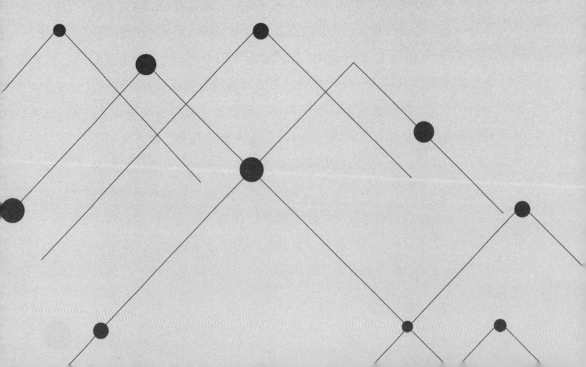

畜牧业企业是畜牧业经济的主体，畜牧业企业是否高质量发展直接关系到畜牧业的高质量发展水平。企业全要素生产率是衡量企业生产效率的重要指标，它反映了除要素投入之外，包括技术进步、管理效率、规模经济以及制度环境在内的其他所有影响产出因素的综合效率。因此，全要素生产率的提升是企业高质量发展的重要体现。现有文献中，企业全要素生产率被广泛作为企业高质量发展的代理变量。因此，本章基于2007～2022年中国上市的畜牧业企业数据，以畜牧业企业全要素生产率来代表畜牧业企业高质量发展水平，通过实证分析来探究畜牧业企业科技投入、技术创新对其高质量发展水平的影响。

6.1 数据来源、变量说明与模型设定

6.1.1 数据来源

本章从国泰安（CSMAR）数据库中筛选得到了72家畜牧业上市公司共589个非平衡面板样本数据，并将72家公司按照主营业务分为了畜禽养殖、饲料生产、肉制品加工、乳制品加工和动物保健5个类型。由于我国从2007年开始实施的新会计准则要求上市公司在财务报表中新增研发支出科目，选取样本时间范围为2007～2022年。按照已有的研究惯例和本章的研究特点，本章对样本进行了如下筛选：（1）删除ST、*ST公司；（2）剔除数据严重缺失的公司；（3）为减轻极端值的影响，本章对所有连续变量进行了上下1%的缩尾处理。

表6－1　　　　　　　中国沪深A股上市的畜牧业企业样本

行业	企业名称
畜禽养殖 （16家）	东瑞股份、福成股份、华英农业、巨星农牧、立华股份、罗牛山、民和股份、牧原股份、神农集团、圣农发展、天山生物、温氏股份、湘佳股份、晓鸣股份、新五丰、益生股份
饲料生产 （16家）	傲农生物、大北农、海大集团、禾丰股份、金新农、京基智农、驱动力、唐人神、天邦股份、天康生物、天马科技、通威股份、新希望、粤海饲料、正邦科技、正虹科技
肉制品加工 （12家）	春雪食品、得利斯、广弘控股、华统股份、煌上煌、金字火腿、绝味食品、龙大美食、上海梅林、双汇发展、仙坛股份、益客食品
乳制品加工 （15家）	贝因美、光明乳业、皇氏集团、均瑶健康、麦趣尔、妙可蓝多、三元股份、天润乳业、西部牧业、新乳业、熊猫乳品、燕塘乳业、一鸣食品、伊利股份、庄园牧场
动物用药 （13家）	海利生物、回盛生物、金河生物、科前生物、绿康生化、普莱柯、瑞普生物、申联生物、生物股份、蔚蓝生物、溢多利、永顺生物、中牧股份

6.1.2　变量说明

1. 被解释变量：畜牧业企业全要素生产率

现有文献中使用数据集面板维度测量企业层面全要素生产率的方法包括 OP 法和 LP 法，这两个方法都在试图减少公司层面的生产力和投入选择之间的相关性所导致的偏差。LP 法则在 OP 法的基础上进行了改进，他们认为，不应用投资额作为代理变量，而是以中间品投入指标。如此一来，研究者可以根据可获得的数据灵活选择代理变量。因此相较于 OP 法，本章认为 LP 法更适合测量畜牧业企业的全要素生产率。但是在稳健性检验时，本章使用 OP 法来验证其稳健性。在 LP 计算畜牧业企业全要素生产率涉及的变量有：用主营业务对数表示的企业的增加值；用固定资产净额对数表示的资本投入；用企业员工对数表示的劳动投入；用企业"购买商品、接受劳务支付的现金"的对数表示中间投入。

2. 核心解释变量：科技投入

使用研发投资存量来表示企业科技投入。使用永续盘存法来计算企业的研发投资存量，计算公式如下：

$$R_t^c = \sum_{i=1}^{n} \mu_i R_{t-i} + (1 - \delta) R_{t-1}^c \qquad (6-1)$$

其中，R_t^c 为 t 期的企业研发投资存量，R_t 为 t 期企业研发投入金额流量，δ 为折旧率，μ_i 为企业研发投入滞后贴现系数。设平均滞后期为 θ，假定一：$t-\theta$ 期的企业研发投资构成第 t 期的企业研发投资存量。假定二：考虑到现在知识更迭加速，特别是企业的研发投入转化速度快，以及考虑到样本企业拥有的年份数据不一致，为方便计算，本章设定企业研发投入的滞后期 $\theta = 0$。则企业研发投资存量的公式可简化为：

$$R_t^c = R_t + (1 - \delta) R_{t-1}^c \qquad (6-2)$$

其中，设定折旧率 δ 为 15%，确定企业基期研发投资的存量，其公式为：

$$R_0^c = R_0 / (g + \delta) \qquad (6-3)$$

其中，g 为企业研发投入的平均增长率，根据样本数据计算得到 $g = 16.0\%$[①]，至此，得到了企业基期的研发投资存量，也就估算出了各企业历年的研发投资存量值。

3. 中介变量：技术创新

参考已有研究，使用发明专利授予量作为技术创新的代理变量。在进行回归时将其加上 1 并取自然对数处理。

4. 控制变量

借鉴相关研究（Serrano，2022；Wu，2022），选取公司规模、公司

---

① 笔者根据 2012～2022 年 41 家畜牧业企业的平衡面板数据，计算得到畜牧业企业研发投入的平均增长率为 16.0%。

年龄、资产负债率、净资产收益率、董事会规模、独董比例作为控制变量。变量具体说明如表 6 - 2 所示。

表 6 - 2　　　　　　　主要变量定义及计算公式

变量类型	变量名称	变量定义及计算公式
被解释变量	畜牧业企业全要素生产率	采用 LP 法计算
核心解释变量	科技投入	研发投资存量的自然对数
中介变量	技术创新	发明专利授予量的自然对数
控制变量	企业规模	年末总资产的自然对数
	企业成立年限	企业成立年限的自然对数
	资产负债率	总负债/总资产
	净资产收益率	净利润/总资产
	董事会规模	董事会人数
	独董比例	独立董事人数/董事人数

6.1.3　模型设定

本章设定的科技投入、技术创新与畜牧业企业全要素生产率的基准回归模型如下：

$$TFP_{it} = \beta_0 + \beta_1 \ln RD_{it} + \gamma\, Controls_{it} + \delta + \varepsilon_{it} \qquad (6-4)$$

$$INV_{it} = \beta_0 + \beta_2 \ln RD_{it} + \gamma\, Controls_{it} + \delta + \varepsilon_{it} \qquad (6-5)$$

其中，i 代表公司，t 代表年份。被解释变量 TFP 表示畜牧业企业全要素生产率，INV 表示畜牧业企业技术创新，RD 表示科技投入，$Controls$ 表示控制变量组，δ 表示包括企业、年份固定效应，ε 表示随机扰动项，β_0 为常数项，β_1、β_2 和 γ 为待估计系数。

考虑到潜在的内生性问题，本章在上式回归模型中，使用同一行业、同一年度的所有企业科技投入均值和税收优惠作为企业科技投入的工具变量。主要依据是：某一企业的科技投入通常会参考行业的总体科技投入情况，符合相关性条件；但行业总体科技投入不会对该企业的全要素生产率产生直接影响，符合外生性条件。税收优惠可以通过降低企业科技创新的税收成本来提高企业科技投入的积极性，但它并不能对企业的全要素生产率造成直接影响，满足相关性和外生性。本书的税收优惠使用企业收到的各项税费返还／（收到的各项税费返还＋支付的各项税费）来表示（柳光强，2016）。同理，使用同一行业、同一年度的所有企业技术创新均值作为企业技术创新的工具变量。

6.1.4 描述性统计分析

主要变量的描述性统计分析，表6－3为变量的描述性统计分析。畜牧业企业全要素生产率的均值为14.934，标准差为1.070，中位数为14.775，表明数据结果无明显偏态。取了自然对数的科技投入均值为18.237，标准差为1.483，中位数为18.364，表明科技投入基本呈正态分布。技术创新的均值为1.650，标准差为1.433，最小值为0.000，最大值为4.860。

表6－3　　　　　　　　　　变量描述性统计

变量名称	观测值	均值	标准差	最小值	中位数	最大值
畜牧业企业全要素生产率	589	14.934	1.070	12.699	14.775	17.200
科技投入	589	18.237	1.483	14.599	18.364	21.193
技术创新	589	1.650	1.433	0.000	1.386	4.860
企业规模	589	22.175	1.172	20.097	22.024	25.419
企业年龄	589	2.837	0.385	0.693	2.890	3.714
资产负债率	589	0.403	0.179	0.067	0.403	0.853
净资产收益率	589	0.043	0.074	-0.242	0.045	0.246
董事会规模	589	8.239	1.428	5.000	9.000	12.000
独董比例	589	37.558	5.809	30.000	33.330	60.000

6.2 实证分析结果

表6-4是科技投入、技术创新对畜牧业企业全要素生产率影响的回归结果，列（1）为畜牧业企业科技投入对畜牧业企业全要素生产率影响的估计结果。在使用同一行业、同一年度的所有企业科技投入均值和税收优惠作为科技投入工具变量后的两阶段最小二乘估计结果显示，工具变量是可识别的，不存在弱工具变量问题，且满足外生性要求。综合来看，结果表明工具变量选取有效。IV+2SLS的估计结果显示，科技投入对畜牧业企业全要素生产具有显著正向影响。研究假设H4得到验证。列（2）为畜牧业企业科技投入对畜牧业企业技术创新的估计结果，结果显示，畜牧业企业科技投入对畜牧业企业技术创新的影响在5%的统计水平上显著为正。这表明畜牧业企业科技投入能够通过促进畜牧业企业技术创新来提升畜牧业企业高质量发展水平，验证了研究假设H5。

表6-4　　　　　科技投入、技术创新对畜牧业企业全要素
生产率影响的回归结果

变量	畜牧业企业全要素生产率		畜牧业企业技术创新	
	IV+2SLS		IV+2SLS	
	（1）		（2）	
	系数	标准误	系数	标准误
科技投入	0.181 *	0.09	0.384 **	0.15
企业规模	0.138	0.09	−0.212	0.15
企业年龄	0.451 **	0.20	0.860 *	0.51
资产负债率	0.036	0.18	0.214	0.34
净资产收益率	1.668 ***	0.26	−0.331	0.52
董事会规模	0.021	0.02	−0.118	0.08
独董比例	0.000	0.00	−0.022 *	0.01
企业固定效应	已控制		已控制	

续表

变量	畜牧业企业全要素生产率			畜牧业企业技术创新		
	IV + 2SLS			IV + 2SLS		
	(1)			(2)		
	系数		标准误	系数		标准误
年份固定效应	已控制			已控制		
观测值	587			587		
R²	0.628			0.163		
Kleibergen – Paap rk LM P 值	0.007			0.007		
Cragg – Donald Wald F 值	37.426			37.426		
Hansen J P 值	0.3649			0.4507		

注：①＊、＊＊和＊＊＊分别表示在10%、5%和1%的水平上显著；②Kleibergen – Paap rk LM P 值为不可识别检验结果；③Cragg – Donald Wald F 值为弱工具变量检验结果；④Hansen J P 值为过度识别检验结果；⑤以上结果表明工具变量选取有效，故本章在下面基于 IV + 2SLS 的回归结果中不再赘报工具变量检验结果。

6.3 稳健性检验

6.3.1 替换变量

（1）替换被解释变量。WRDG 法对 OP 法和 LP 法的估计方法进行了改进，他在考虑序列相关和异方差的情况下，能够得到稳健标准误。分别使用 OP 法和 WRDG 法重新测算的畜牧业企业全要素生产率 LP 法测算的全要素生产率。回归结果如表 6 – 5 列（1）~列（4）所示，科技投入的估计系数依旧显著为正，估计结果稳健。

（2）替换核心解释变量。考虑到企业的研发投入滞后期短，使用研发投入流量来替代研发投资存量，即采用畜牧业企业研发投入金额的对数替代研发投资存量。并使用同一行业、同一年度的所有企业科技投入金额的对数均值和税收优惠作为科技投入金额对数的工具变量。结果如

表6-5列（5）和列（6）所示，科技投入对畜牧业企业全要素生产率有显著影响的结果稳健。

表6-5　　　　　　　　　　稳健性检验：替换变量

变量	畜牧业企业全要素生产率（OP法）		畜牧业企业全要素生产率（WRDG法）		畜牧业企业全要素生产率（LP法）	
	IV+2SLS		IV+2SLS		IV+2SLS	
	（1）		（2）		（3）	
	系数	标准误	系数	标准误	系数	标准误
科技投入（研发投资存量）	0.184*	0.10	0.184*	0.10		
科技投入流量（研发投入金额的对数）					0.160***	0.05
控制变量	已控制	已控制	已控制	已控制	已控制	已控制
企业固定效应	已控制	已控制	已控制	已控制	已控制	已控制
年份固定效应	已控制	已控制	已控制	已控制	已控制	已控制
N	587		587		587	
R^2	0.593		0.600		0.646	

注：*、***分别表示在10%、1%的水平上显著。

6.3.2　倾向性得分匹配法（PSM）

由于可能存在样本选择偏差的问题，本章进一步使用倾向得分匹配法来缓解可能存在的内生性问题。根据畜牧业企业科技投入的中位数对样本进行分组，把样本企业分为高研发组（处理组）和低研发组（控制组）两组，利用logit模型估计其倾向得分值。选择企业规模、企业成立年限、净资产收益率、股权制衡度作为协变量，采用一对一最近邻匹配、半径匹配和核匹配进行匹配。结果如表6-6所示，三种匹配法的估计结果都是一致的，科技投入对畜牧业企业全要素生产率均有显著正向影响，前面结论依旧稳健。

表 6 - 6   稳健性检验：倾向得分匹配法

变量	匹配方法	处理组	控制组	平均处理效应	标准误	T 值
畜牧业企业全要素生产率	k - 最近邻匹配	15.307	14.991	0.316	0.114	2.77 ***
	半径匹配	15.307	14.429	0.878	0.072	12.14 ***
	核匹配	15.307	14.942	0.365	0.096	3.80 ***

注：*** 表示在 1% 的水平上显著。

6.4 异质性分析

按照企业的所有权性质划分，可将中国畜牧业企业划分为国有企业和民营企业，两者在管理体制、治理结构、资源获取等方面存在较大差异。故分别对国有畜牧业企业和民营畜牧业企业样本进行回归，检验科技投入对畜牧业企业全要素生产率的影响是否在二者之间存在差异，回归结果如表 6 - 7 所示。结果显示，国有畜牧业企业科技投入对其全要素生产率的影响并不显著，而非国有畜牧业企业科技投入对其全要素生产率的影响在 5% 的水平上正向显著。这表明相比于国有畜牧业企业，民营畜牧业企业的科技投入效率更高，因为非国有企业在管理体制和研发创新活动执行等方面更为灵活，从而使科技投入对畜牧业企业全要素生产率的促进作用更为明显。

表 6 - 7   不同所有制畜牧业企业异质性分析结果

变量	畜牧业企业全要素生产率（IV + 2SLS）			
	国有畜牧业企业		民营畜牧业企业	
	（1）		（2）	
	系数	标准误	系数	标准误
科技投入	0.026	0.17	0.229 **	2.56
控制变量	已控制		已控制	
企业固定效应	已控制		已控制	
年份固定效应	已控制		已控制	
N	132		451	
R^2	0.761		0.603	

注：** 表示在 5% 的水平上显著。

6.5 本章小结

提升畜牧业企业全要素生产率是推动畜牧业企业高质量发展的重要表现，也是促进畜牧业高质量发展的重要驱动力。本章利用 2007～2022 年中国畜牧业上市公司的数据，实证分析了科技投入、技术创新与畜牧业企业全要素生产率之间的关系。研究结果表明，科技投入对畜牧业企业全要素生产率有显著的促进作用，在用工具变量法解决内生性问题、采用多种方式进行稳健性检验后，上述结论依然成立。畜牧业企业科技投入能够通过促进畜牧业企业技术创新来提升畜牧业企业全要素生产率。异质性分析发现，科技投入能显著提升民营畜牧业企业全要素生产率，但对国有畜牧业企业全要素生产率的影响并不显著。

第 7 章

技术创新如何推动畜牧业高质量发展
——基于楼房养猪模式的案例分析

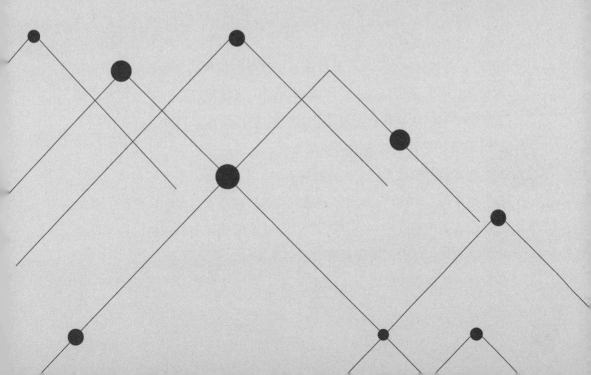

前面主要基于省级面板数据和微观企业数据实证分析了科技投入、技术创新对畜牧业高质量发展的影响，不过，以上研究还主要是基于理论和数据层面。本章以涵盖了多种关键技术的楼房养猪模式为例，选取了三个成功实践的楼房养猪项目典型案例，探究技术创新推动畜牧业高质量发展的实现路径。需要说明的是，由于前面基于省级层面数据和企业数据的实证研究都得到了科技投入能够促进技术创新和畜牧业高质量发展，所以本章不过多探讨科技投入对畜牧业高质量发展的影响，而是把更多的笔墨和篇幅用在分析技术创新推动畜牧业高质量发展的机理上。

7.1 楼房养猪模式的兴起、困境及案例选取

7.1.1 楼房养猪模式的发展与兴起

生猪是我国畜牧业中最重要的产业。近年来，受环保和非洲猪瘟疫情的双重夹击，我国生猪生产方式发生快速转变，散养户加快退出生猪养殖，养殖规模化程度明显提升（李鹏程和王明利，2020；辛翔飞等，2023）。一些地区受养殖用地紧缺和生猪稳产保供压力的影响，开始探索立体式楼房养猪模式。2017 年 9 月，广西扬翔股份有限公司在广西贵港市率先建成 4 栋 9 层楼高的现代化楼房猪场并投产，且经受住了2018 年开始暴发的非洲猪瘟疫情考验，该楼房养猪项目因其具有极高的生物安全防控能力、生产效益和土地利用率，成功在业界起到了标杆和示范作用。2019 年 12 月，自然资源部和农业农村部联合发布了《关于设施农业用地管理有关问题的通知》，政府首次明确养殖设施允许建设多层建筑。此后，楼房养猪项目迅速发展，截至 2020 年 10 月 1 日，各大企业规划的楼房猪项目共计 60 个，楼房猪场涉及产能 2024 万头；

开工项目 34 个，涉及 1638 万头产能。^① 2022 年中央一号文件提出"鼓励发展工厂化集约养殖、立体生态养殖等新型养殖设施"进一步为楼房养猪模式的发展提供了政策支持。截至 2023 年，全国约有 1600 个企业（合作社或养殖户）修建了 1832 个楼房猪场，共 4282 栋楼房猪舍。楼房猪场总占地面积约 6940.86 万平方米（约 10.41 万亩），楼房猪舍总建筑面积约 4246.55 万平方米。猪场设计总产能为 2332 万头，总投资约 1100 亿元。^②

7.1.2 楼房养猪的困境亟须技术创新解决

虽然楼房养猪模式近年发展迅速，但楼房养猪模式的高度集约化和高密度饲养环境也使楼房养猪模式面临诸多困境，主要体现在疫病防控压力加大、环境治理难度陡增、楼房猪舍建设标准更高。为解决这些困难，楼房养猪项目若要成功必须进行大量的技术创新。

1. 疫病防控压力加大

楼房养猪的疫病防控是行业关注的焦点问题之一。首先，由于多层养殖高度集约化，物资、人员的交叉感染比平层养殖更大；同时，病死猪在无害化处理前的转运也可能增加疫病的传播风险。其次，空气传播也是楼房猪场不可忽视的风险点。尽管大多数楼房猪场前方设有空气过滤，后方配有除臭和消毒设施，但楼房猪舍集约的庞大猪群是否会增加场内疫病、通过空气交叉传播风险，仍被业界许多人怀疑。就通过空气传播的疾病而言，猪蓝耳病存在较大的防控压力。

① 资料来源：60 个项目 2024 万头产能！楼房猪场能否走出中国特色养殖模式？[EB/OL]. 新浪网. 2020－10－27. https://www.yangzhu360.com/dianping/20201027/31706.html.
② 资料来源：设施赋能养猪业　推进绿色可持续发展［EB/OL］. 中国农村网. 2023－12－04. http://journal.crnews.net/ncgztxcs/2023/dessq/qyal/959114_20231204013641.html.

2. 环境治理难度陡增

楼房养猪项目相较于平房养猪体量大、密度大，猪群集中排粪、排尿、排气后导致单位面积需处理的污染量陡增，臭气和粪污高效处理压力大。首先，养殖臭气排放量大且集中，处理难度巨大。猪场从一层变多层之后，臭气密度也呈几何级增长。一般而言，臭气的处理难度会随着其排放量和排放密度的变大而增加，特别是在天气炎热的夏季，风机大功率运行或气压较低时会导致气味难以往高空散逸，臭气对周边环境的影响更为明显。其次，楼房养猪集中排放的粪污也很难有配套的土地面积消纳，而是需要在粪污处理工艺上进行技术创新，粪污处理达标后回用或排放。

3. 楼房猪舍建设标准更高

由于早期楼房养猪项目缺乏相应的建设标准，一些项目出现技术不规范、施工质量与实际养猪生产不匹配、楼层之间出现渗漏等问题。课题组在调研中发现一些楼房猪舍在建造时很大程度参考人用建筑，但其实楼房猪舍的建设要求比人用住宅楼更高。主要原因是，一方面，与人用住宅楼漏水压力主要集中在卫生间或者顶楼不同的是，楼房猪舍每一层都相当于卫生间或是顶层；另一方面，生猪养殖产生大量的腐蚀性气体和液体，对防腐防渗提出更高要求。因此，若因楼房猪舍建设不合理造成渗漏，楼房养猪将会面临巨大的建筑安全和疫病风险隐患。此外，楼房猪舍涉及较多自动化、智能化设备，设施设备的维护、停电等应急事件的处理同样是楼房养猪需解决的难题。

7.1.3 案例选取

根据楼房养猪的发展情况和行业的关注度，我们选取了三个受关注度高且成功运行的楼房养猪模式案例，深入剖析其通过技术创新推动高质量发展的经验做法，以期从实践层面进一步阐述技术创新推动畜牧业高质量发展的作用机理。这三个案例分别为广西扬翔股份有限公司（以下简称"扬翔"）集群式楼房智能养猪项目、河南牧原食品股份有限公司（以下简称"牧原"）楼房式肉食综合体项目、湖北中新开维现代牧业有限公司（以下简称"中新开维"）楼房养猪项目。三个楼房养殖项目均符合案例选取的重要性和代表性原则，扬翔集群式楼房智能养猪项目是现代化楼房猪舍建成投产时间最早、成功运营时间最长的项目；牧原楼房式肉食综合体项目年出栏210万头生猪，是全球单体规模最大猪场；中新开维26层楼房养猪项目是世界单体楼房面积最大、运行效率最高的养猪基地。此外，三个案例均是通过技术创新解决楼房养猪面临的一系列难题，符合理论目标与案例一致性的原则。

为研究技术创新对楼房养猪高质量发展的影响，保障数据材料收集的广度和深度，笔者于2023年7月至11月相继赴广西贵港的扬翔、河南南阳的牧原以及湖北鄂州的中新开维三个公司开展深度的实地调查，通过对公司负责人、部门经理等人员的访谈和座谈，以及实地参观养猪楼房及配套设施等，整理形成了大量的一手访谈资料。此外，笔者也收集了三家公司对楼房养猪模式以及技术创新方面的总结材料，为本章开展深入的案例研究提供了有力的资料支撑。

7.1.4 案例基本情况介绍

1. 扬翔集群式楼房智能养猪模式

扬翔成立于1998年，主营业务为猪产业，是集饲料、基因育种、种猪、猪精、肉猪、智能养猪设备、屠宰、预制菜等于一体的全产业链科技型农牧企业。扬翔在养猪事业非常重视技术创新，从2009年开始，扬翔由传统养猪阶段跨入科学养猪阶段，投入大量的人力物力，与国内多所高校及国内外专家合作，致力于打造具有国际竞争力的养猪企业。2015 年，扬翔携手华中农业大学及国内外专家，启动集群式楼房智能化养猪模式并在广西壮族自治区贵港市港南区开工建设，2017 年 9 月建成投产。该楼房养猪项目名称为桂妃山集群楼房猪场，猪舍和附属设施占地面积共 160 亩，楼房猪场共有 4 栋，每栋 9 层，养殖类型为母猪，养殖规模为 3 万头，年出栏仔猪 75 万头。该模式不仅经受住了非洲猪瘟疫情的考验，其生产效率也非常之高，得到业界的普遍认可。

2. 牧原楼房式肉食综合体模式

牧原成立于 1992 年，主营业务为生猪的养殖、销售和屠宰，是一家集饲料加工、种猪育种、商品猪饲养、屠宰肉食于一体的猪肉产业链农牧企业。牧原一直坚持把技术创新作为企业发展的基石，1992～2019 年，牧原研发的养猪猪舍已从第一代的砖拱结构猪舍升级到了第二十三代空气过滤猪舍。2020 年 2 月牧原设计的楼房式肉食综合体项目在河南省南阳市内乡县开工建设，该项目集生猪养殖、饲料加工、生猪屠宰和肉食等深加工于一体，并于 2021 年 12 月建成投产。该项目占地 2800 亩，总投资 50 亿元。综合体共有楼房猪舍 21 栋，每栋 6 层；每栋楼均有母猪舍、保育舍和育肥舍，其中第 5～6 层为母猪舍，能存栏 4000 头母猪，第 4 层为保育舍，第 1～3 层为育肥舍，每栋楼年出栏 10 万头育肥猪，21 栋楼共计年出栏 210 万头育肥猪。

3. 中新开维工业化楼房养猪模式

中新开维成立于 2020 年 4 月，位于湖北省鄂州市鄂城区，是一家集饲料生产、生猪养殖、种猪育种等于一体的现代农牧企业。中新开维的母公司是湖北世纪新峰雷山水泥有限公司，笔者实地调查的负责人表示水泥行业和养猪行业的跨界具有得天独厚的优势，将水泥工业化的思维和技术运用到猪场上，可以实现水泥企业与养猪企业优劣互补、节本增效。2020 年 8 月，中新开维投资的 2 栋 26 层养猪大楼在湖北省鄂州市鄂城区碧石渡镇开工建设，2022 年 10 月第一栋大楼建成正式投产。该项目总占地面积 60 亩，共 2 栋养猪大楼，每栋大楼 26 层，其中 1 ~ 2 层为功能设施用房、3 ~ 26 层为生猪养殖标准层，养殖层实行一条龙生产模式，每层均有母猪配怀舍、分娩舍产房、保育舍、育肥舍，每层各为 1000 头母猪独立生产单元，猪群流转为怀孕、哺乳母猪同层流转，保育和育肥单向同层流转，每层年出栏肉猪约 2.5 万头，待两栋大楼全部投产后育肥猪年出栏量可达 120 万头。中新开维坚持向科技要动能，按照规模化、现代化自动化、智能化、环保化、低碳化的要求，积极推进高效养殖模式、先进养殖技术装备和数字化 + 畜牧业创新应用，现已成为智慧畜牧业创新融合发展的样板。

以上三个案例的基本情况如表 7 - 1 所示。

表 7 - 1　　　　　　　三个案例楼房养猪模式的基本情况

类别	公司名称		
	广西扬翔股份有限公司	河南牧原食品股份有限公司	湖北中新开维现代牧业有限公司
地理位置	广西贵港市港南区	河南省南阳市内乡县	湖北省鄂州市鄂城区
公司成立时间	1998 年	1992 年	2020 年
楼房养猪模式	集群式楼房智能养猪模式	楼房式肉食综合体模式	中新开维楼房工业化养猪模式
楼房猪场名称	桂妃山集群楼房猪场	内乡综合体楼房猪舍	26 层养猪大楼
建成投产日期	2017 年 9 月	2021 年 12 月	2022 年 10 月
占地面积	160 亩	2800 亩	60 亩
猪舍楼房栋数	4 栋	21 栋	2 栋
猪舍楼房层数	9 层	6 层	26 层
养殖类型	母猪	母猪、公猪和育肥猪	母猪、公猪和育肥猪
设计最大存栏	3 万头母猪	8.4 万头母猪和 105 万头育肥猪	2.4 万头母猪和 60 万头育肥猪
年设计出栏规模	75 万头仔猪	210 万头育肥猪	120 万头育肥猪

资料来源：笔者根据调研材料整理得到。

7.2 案例分析

7.2.1 扬翔集群式楼房智能养猪模式

1. 首创的"铁桶"疫病防控新模式有效保障了生物安全

扬翔是现代化楼房立体养猪的开创者，创新的"铁桶"楼房养猪模式显著提升了楼房猪场生物安全级别。扬翔对非洲猪瘟的传染途径进行了归纳，总结出人、猪、物、料、水、车、精、空气、有害动物等14条防控非洲猪瘟路线，并针对各线路，参照楼房猪场的生物安全防控理念和措施，创新设计了帘廊通道、密闭式猪舍、AB水塔、挡鼠板、封闭转猪台等防非功能设计，结合洗消、熏蒸、紫外线等不同切断手段、频次的消毒方式，通过有效的物理隔绝的方法，层层把关，严格管控，切断传播途径，确保各环节安全生产。扬翔率先提出划分猪场4层生物安全圈，为猪场构建起"铁桶"结构式的安全圈。楼房养猪项目在猪场及外围范围内，对猪场净区、污区划分进行布局研究，并将猪场外围、隔离区、生活区、生产区按不同污染等级划分为4层生物安全圈，通过与各分区完善的硬件设施与严格的生产管理相配合，构建结构式安全圈，分层次降低病原浓度，解决了猪场各功能分区交叉污染而导致的感染非洲猪瘟问题，全面提升猪场的非洲猪瘟病毒防控能力，实现猪场的安全养殖。在楼房猪场建设上，扬翔首次采用架空层、楼体封闭的形式建设全封闭的楼房猪场，打破了传统猪场开放或半开放的设计形式，杜绝虫、鸟等传播介质带来的非洲猪瘟感染风险。楼体上的进风口加装空气过滤装置，采用"初级过滤＋高效或超高效过滤器"相结合的模式，对空气中的粉尘微粒过滤效率达99.99%，防止病菌、病毒等危害通过空气传播进入猪舍内。此外，楼房猪场各楼层互相独立，每层自成一个独立的猪场，单层养殖规模设计为 1000 头。各楼以走道为中轴，走道两侧为分娩舍、怀孕前期舍、怀孕后期舍等生产分区，各分区小间设计、相互独立，两端布局兽医室、仓库、电梯间等辅助生产设施。楼层独立、小间设计的方式，使每层形成独立封闭的生物防控系统，解决了层间疾病传播问题。扬翔桂妃山 4 栋集群楼房猪场自 2017 年 9 月运营至今未发生一例非洲猪瘟病毒感染，100% 经受住了非洲猪瘟侵袭。

2. 新发明的废气除臭方法和环保处理装置实现了生态养殖

项目独创的废气除臭方法、新发明的环保处理装置，配套先进的污水处理模式和新型废气除臭系统、病死猪处理设备、有机肥发酵设备，实现了猪场粪污的全量处理和养殖无异味。首先，在除臭方面，废气排风系统让所有的废气 100% 经过 3 道塑料水帘及水幕的清洗，使废气中的粉尘微粒及氨氮等有害废气进行充分清洗除臭，成功解决了猪场异味的问题。其次，新发明的环保处理装置，实现猪场粪污的全量处理和生态养殖。项目发明了新的猪场污水管道疏通装置应用于楼房猪场，楼内布局智能排污系统，配备系统化除尘体系、远程自动化控制系统，粪污积累到一定液面时触发排污口的开放开始排污，统一流到预先铺设的主管道，输送至粪污处理中心集中处理利用，各层排污管道独立运行、互不影响，解决楼房猪场粪污的排放与处理问题。对于胎衣和死猪的无害化处理，楼房猪场采用新的"管道运输 + 高温高压蒸煮"的无害化处理方式，在楼房场外建设输送管道，胎衣通过封闭管道输送到高温高压蒸煮设备处进行集中无害化处理，残渣输送到有机肥厂进行高速发酵机发酵，生产有机肥，处理过程全程封闭、自动，避免交叉污染和疾病传播，实现猪场粪污的全量处理和生态养殖。

3. 立体养殖和内循环闭锁繁育体系提高了土地生产率和母猪繁殖率

据测算，传统的 3 万头大栏网床生猪养殖场生产区头均建筑面积

7.34 平方米，头均占地面积 11.76 平方米；而扬翔桂妃山 3 万头楼房猪场，总占地面积仅为 160 亩，生产区头均建筑面积为 8.38 平方米，较传统猪场低 3.38 平方米，头均占地面积为 0.93 平方米，仅为传统猪场的 1/10。其次，扬翔楼房猪场在种源自给的情况下，种母猪仍然保持极高的繁殖效率。传统的平层及楼房养殖场因繁育需求，需不断自外部引进后备种猪，由此增加了猪场与外部的猪只、车辆、人员等的交互频次，提高疾病感染的风险。楼房猪场作为一个大型、高密度的养殖体，风险系数随着养殖规模成倍增加。扬翔楼房猪场采用"内循环闭锁繁育体系"，在第一次引进经检测合格、性能优秀的种母猪后，不再从外部引种；种猪进入楼房猪场后，进行"配种—分娩—断奶—再配种"的循环直至被淘汰或者死亡。同时，针对楼房猪场内后备母猪性能选育提高问题，每栋楼选定一层为核心种猪层，由专业育种人员进行性能测定和后备选留，为其他楼层提供种源充足、性能优良的后备母猪。经实践，扬翔楼房猪场的 PSY（每头母猪每年提供的断奶仔猪头数）、MSY（每年每头母猪出栏肥猪头数）分别为 27.5 头、26.5 头，高于上市养猪公司平均的 25 头、24 头，远高于国内行业平均的 20 头、19.2 头。

4. 育种技术和生产管理创新提升了猪肉产品质量安全

首先，扬翔采用基因技术和人工智能技术，通过大量收集猪只表型数据和挖掘基因组中有价值的育种信息，研发出具有自主知识产权的基因"芯片"和基因算法，打造出全新的种猪育种模式——普惠育种模式，通过该模式持续不断地把优良基因通过精液传递到商品猪群，以此提升猪肉产品质量。其次，扬翔楼房养猪的"铁桶模式"有效阻断了外来疫病进入，降低了生猪各种疾病的发病率，有效保障了猪肉安全。此外，在生产管理方面，扬翔楼房智能养猪场的设计保证猪舍温度恒定、环境干净、空气清新，为生猪提供了一个更舒适的生长环境，提高了动物福利，保证猪肉品质更高。

7.2.2　河南牧原楼房式肉食综合体模式

1. 在提高生产效率方面，育种、饲料营养、智能化、生产管理等方面技术创新发挥重要作用

种猪资源是生猪养殖行业的"芯片"，牧原联合各大高校与科研院所，挑选瘦肉率高、繁殖力强等各项性能指标优良的种猪，并及时应用至核心群及扩繁群生产当中。在饲料营养方面，营养师团队根据猪群生长速度，选择合适营养套餐，配置对应期次饲料，通过管链输送、料罐存储、单元智能下料，从加工端直达猪嘴，确保每头猪都能精准吃到对应期次饲料，提高饲料转化率。在智能化运用方面，牧原通过自主研发和创新，已申请猪舍设计、猪舍智能送料系统、猪舍智能液态饲喂装置等多项专利技术，设计适合中国养殖业现状的标准化猪舍和自动化养殖设备。在牧原肉食综合体内，每头猪一生中都有 30 多款智能养猪机器为其服务，智能化设备运用在养殖过程的每一个环节。巡检机器人、赶猪机器人、板下清粪机器人、刷圈机器人、自动消毒车等先进设备为猪群提供着全方位的服务，可以实现一人同时养 1000 头以上的猪，显著地提高了劳动生产率。在生产管理方面，牧原通过不断提升智能化应用水平、优化内部生产流程和人员培训方案、加强管理干部综合素质培养等措施，进一步提高人员效率，降低公司成本。目前内乡综合体生猪养殖完全成本在每千克 15.1 元左右，其生产效率在行业处于较高水平。

2. 在环境保护方面，除臭系统和种养结合生态模式实现了臭气净化和粪污资源化利用

在除臭方面，内乡楼房养猪综合体创新除臭工序，通过水源除臭和氧化除臭两道工序使排出的空气基本没有臭气，实现了 99.9% 的灭菌率。水源除臭系统运用大量的水来冲洗空气中的臭气分子，有效去除空气中的异味。氧化除臭工序是通过使用内含氧化除臭剂的密集布置的塑料小球，增加空气接触面积进一步消除臭气。在粪污处理方面，内乡综合体探索出融"养殖—沼肥—绿色农业"为一体的牧原特色生态模式，实现种养循环和资源化利用。具体做法是，首先将粪便通过密闭管道运输到加工区域进行固液分离，分离出的猪尿通过厌氧发酵产生的沼气提供给综合体内部的能源需求；液体再经过深度处理，一部分作为水肥进行还田，另一部分处理后的中水用于厂区冲刷猪圈、楼顶除臭用水等；猪粪和沼渣等固体经堆沤发酵后制作成有机肥料，帮助农作物减投增收；养殖粪污实现 70% 的资源回用率。牧原内乡肉食产业综合体管网已覆盖周边的余关、湍东两镇 1.7 万亩农田，农户增收效益达到了每亩404 元。

3. 在疫病防控方面，内乡肉食综合体完整的疫病防控管理体系有效保障了猪场生物安全

在通风系统方面，外部空气进入猪舍前需要经过四层过滤，能够有效去除空气中的微粒、灰尘和病原体，到达猪舍内部的空气质量指数接近医院 ICU 病房的标准，有效防止了动物疾病的进入。在场区布局方面，公司实行"大区域、小单元"布局，防止疫病交叉感染和外界病原侵入。在生物安全措施上，采取"后备独立隔离驯化""分胎次饲养""一对一转栏""全进全出"等方式，确保公司防疫体系安全有效。在生产管理方面，通过智能猪舍搭载环控、智能巡检设备，结合诊断检测平台，打造更加完善的疫病预警防控体系，大幅提高猪舍环境质量，减少疫病发生，提升猪群健康。在兽医队伍建设方面，牧原拥有一支规模庞大、专业能力较强的兽医人才队伍，此外，公司还通过对业务人员的生物安全培训，有效地增强了工作人员的生物安全防控意识和疫病风险处理能力。在制度创新方面，牧原形成了一套完善的生物安全防控业务标准化流程和严

格的生物安全防控制度。

4. 在产品质量方面，除生物安全防控技术创新外，牧原还通过育种、生产管理、可追溯系统、检测技术等方面的创新确保猪肉质量安全

在育种方面，牧原以终端消费者需求为育种导向，以食品安全、猪肉品质等为主要育种目标，开展大规模种猪生产性能测定、肉质测定、分子标记辅助选择和种猪遗传评估，提高种猪的遗传性能，目前牧原猪肉产品在风味、口感、保水性、水分含量、肉色等方面具有品质优势。在生产管理创新方面，牧原建立了"从源头到终端"的全过程控制体系，形成覆盖饲料加工、种猪选育、种猪扩繁、商品猪饲养、屠宰肉食，从源头到销售的全程有效监督与管理，确保产品质量与食品安全。

7.2.3 中新开维工业化楼房养猪模式

1. 独创的自动化控制系统显著提升劳动生产率

中国传统的生猪养殖企业整体规模小、装备差、自动化程度低，普遍采用的是现场开关操作模式、劳动效率较低，人均年出栏生猪头数普遍只有400头。[①] 中新开维楼房养猪大楼及附属设施全部使用了智能化设施，例如智能饲料生产系统、智能饲料输送系统、智能消毒控制系统、智能环控系统、全自动智能饲喂系统等，所有智能化设备共产生了9万多个操作控制点。为使这些操作控制点平稳、安全、有序运行，中新开维研发自己独创的集散控制系统（distributed control system，DCS），将所有的操作点聚合为60个现场站，采用数字化通信技术将其通信到园区建筑面积5000平方米的中央控制室，再由中央控制室操作员通过人

---

① 数据来源于课题组2023年10月至11月在河南、四川、湖北、辽宁、广东5个省份调查的200份生猪养殖主体问卷计算所得。

机界面对现场设备实现实时操作控制，对运行状况实现实时集中监控，对运行数据实现实时集中采集处理，实现 DCS 中央控制系统在数字创新中和生猪养殖方面的应用。两栋大楼全部完工投产后预计有 800 多名员工，相当于 1 人对应饲养 1500 头猪，极大地提高了劳动生产率。

2. 强大的环保系统实现臭气超低排、污水零排放、固废不出厂

在臭气治理方面，中新开维通过从源头减臭和氧化除臭，实现了臭气超低排。在源头减臭方面，由于传统的高蛋白饲料受微生物污染后腐败变质容易产生高浓度臭气，中新开维采用低蛋白高纤维饲料，通过减少饲料中的氨氮含量来减少臭气来源；此外，粪污自动冲洗系统每天对栏舍冲洗 3～6 次，粪污来不及腐烂变质产生臭味便被输入高温厌氧发酵池，使养殖区域内氨气浓度降低 90% 以上，硫化氢浓度降低 85% 以上，吲哚浓度降低 95% 以上。在氧化除臭方面，中新开维使用自主研发创新的高活性氧化剂高效除臭工艺系统，该工艺使用中等浓度高活性氧化剂，将生猪养殖区域逃逸出的剩余的臭气物质集中在 72000 立方米的特大型除臭空间，通过高效氧化的模式实现除臭。除臭后系统整体臭气排放浓度不超过传统模式的 5%，远低于人类对臭气物质的嗅觉阈值，实现猪场四周无异味。在污水处理方面，养殖污水经"厌氧发酵池 + ABR 系统[①] + 氧化沟系统"工艺处理达标后回用于猪舍冲洗、消毒补充用水以及雷山水泥公司的生产用水，实现污水零排放。在固体废弃物处理方面，水泥窑协同处置污泥，实现固废不出厂。规模化生猪养殖企业因粪污排放量大，不同的粪污处理工艺都会产生大量的污泥，而污泥是国际国内环保处理的难点。水泥行业在最近的十多年生产实践中，使用水泥窑炉协同处置城市污泥工艺取得了非常好的效果。与城市污泥相比，生猪养殖粪污处理过程中产生的污泥成分单一，更适合使用水泥窑炉协同处置。中

---

① ABR 系统指的是采用厌氧折流板反应器（anaerobic baffled reactor，ABR）进行的污水处理过程。

新开维母公司湖北世纪新峰雷山水泥有限公司①的大型窑炉每日协同处置 80% 含水率的污泥能力达 200 吨，完全可以满足中新牧业日产 75 吨污泥数量的处置需求。此外，水泥窑炉内 1500 度以上的高温也能够把污泥中的矿物质充分融熔固化在水泥熟料的晶格中，实现了固体废弃物不出厂。

3. 系统化的生物安全防范体系，有效提升动物疫病防控能力

首先，中新开维采用干烘、氧化和大空间静置的方式，实现人员和物资的有效抑毒。在确保降低病毒载量、提高饲料质量、提升猪群健康度的前提下，采用中温干烘高效洗、消、烘工艺。进场人员经沐浴补充水分后进入 65℃ ~70℃ 的中温干烘房干烘 30 分钟，休息后再次沐浴，并在检测合格后方可进入园区工作；进场物品需通过不同的烘干消毒房进行烘干消毒再静置相应的时间才可被使用。其次，采取大环境不间断抑毒系统，有效降低园区环境病毒载量。根据科学理论和实践，所有的病毒和细菌包括非洲猪瘟病毒都是剂量依赖型的，即病毒细菌在环境中的浓度达不到一定剂量是不具备传染性的，同时许多病毒在生物体内长期存在，在生物体健康时是没有临床症状表现的，只有生物体内部失去平衡时才体现出明显症状，甚至造成重大的危害。病毒细菌的防范通过消灭传染源是比较难以实现的，但在确保猪健康的前提下，通过大环境降低病毒载量、切断传播途径，是切实可行的办法。中新开维采用系统化的空间抑毒工艺，使用 3 台高活性氧化抑毒机组为园区各处提供不同浓度的高活性氧化抑毒气体，用于空间抑毒，降低大环境病毒细菌载量，保障了生物安全。此外，中新开维还通过空间抑毒技术有效地控制病毒在层与层、栏与栏之间的传播，快速切断了病毒的传播途径，从而达到楼房猪场防范病毒性疾病的核心关键。

---

① 湖北中新开维现代牧业有限公司的地理位置与其母公司湖北世纪新峰雷山水泥有限公司紧紧相连、交错在一起。

4. 全链条封闭式生产保障猪肉产品质量和安全

中新开维配套建设年产 50 万吨饲料生产线，饲料成品首先通过皮带廊道进入中转仓，然后通过中压空气输送系统将饲料从中转仓底输送到 26 层楼顶的饲料仓，最后通过料线顺利到达各个楼层的料槽，实现全密闭输送，有效保障了饲料质量安全。系统化的生物安全防范体系在保障生物安全的同时也有效地降低了生猪发病率，从而确保猪肉产品的安全。此外，中新开维独创的高压气雾降温工艺，在夏季高温季节可以降低猪舍温度 7℃ ~ 10℃；臭氧高效除臭工艺系统不仅改善了猪群生存环境，还减少有害气体对猪肉质量的影响；智能化养猪设备能够实时收集和调整猪舍的温度、湿度、氨气等环境参数；从而有效保障了猪群健康和产品质量安全。

7.2.4 楼房养猪模式推动生猪产业高质量发展的实现路径

通过对以上三个典型楼房养猪项目案例的归纳总结，本章认为楼房养猪高质量发展实现路径主要为关键要素支撑、破解制约因素、提高生产效率、实现产品质量安全和保供双重目标四个方面。楼房养猪模式推动生猪产业高质量发展的实现路径如图 7 - 1 所示。

1. 关键要素支撑

资金和人才两个关键要素在促进技术创新、推动三个楼房养猪案例成功实践发挥了重要的支撑作用。三个案例楼房猪场的投资金额均在 20 亿元以上，规模较小一点的楼房养猪项目也普遍超过了 10 亿元。中新开维的母公司湖北世纪新峰雷山水泥有限公司资金实力雄厚，其建成投产的第一栋26层养猪大楼建设资金18亿元均为自有资金。广西扬翔的资金来源主要为自有资金和银行贷款，而作为上市公司的牧原除使用自有资金和银行贷款外，还可通过资本市场融资来筹措资金。人才也是三个楼房养猪项目取得成功的关键驱动力之一。扬翔持续与华中农业大学、中国农业大学、中山大学等院校及国内外科研机构开展"产、学、研"深度合作，建立扬翔研究院，搭建科研平台，促进科技成果转化。牧原与河南农业大学建立了紧密的合作关系，共同成立了河南农大牧原联合产业研究院。中新开维在楼房养猪设计和建设过程中依托中国农业大学和华中农业大学专家团队指导，并与华中农业大学达成校企合作定向输送技术型管理人才。

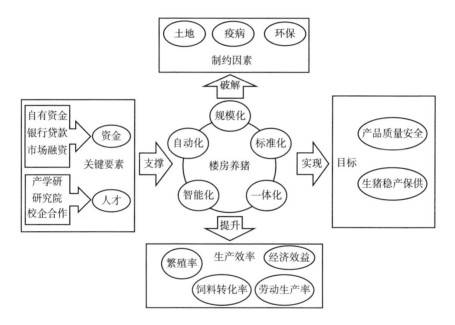

图 7 - 1   楼房养猪模式推动生猪产业高质量发展的实现路径

2. 破解制约因素

楼房养猪模式成功破解了土地、疫病和环保三大制约因素。第一，立体养殖破解土地制约难题。受我国人多地少的基本国情影响，养殖业用地难始终是制约我国畜牧业发展的重要因素之一。楼房养猪模式通过立体养殖，极大地提高了土地利用率。第二，系统化的疫病防控体系保障了生物安全。近年来，重大动物疫情在我国时有发生，特别是2018年暴发的非洲猪瘟疫情给我国生猪产业造成了重大损失和严重影响，生物安全成为楼房养猪设计的核心要素。案例中的楼房养猪模式通过科学的疫病防控体系，以及更先进的通风、排污和温控系统，不仅阻断了外来疫病的进入，而且实现了养殖环境的隔离和分区管理，有效地防止了疫病的传播和扩散，保障了生物安全。第三，先进的环保处理装置和工艺实现了环境友好。楼房养猪模式通过集中收集生猪排放的废气和粪污，再采用先进的空气净化装置、粪污处理设施和工艺等，实现了不污染大气、水体、土壤，以及废弃物资源化利用。

3. 提高生产效率

第一，由于楼房猪场的单体规模普遍较大，规模效应可以降低生猪生产的单位成本。第二，楼房养猪模式便于采用自动化和智能化设备，减少人工操作，提高劳动生产率。第三，楼房养猪企业凭借其在育种和饲料营养方面的技术优势，能将相关技术及时地应用和推广到楼房猪场，进一步提高母猪繁殖率、饲料转化率等。第四，楼房养猪模式通过大数据分析可以优化生产流程、提高管理效率、进一步节约成本。第五，楼房养猪模式通常伴随着饲料生产、种猪育种、生猪养殖、屠宰加工、食品销售等一体化的发展模式。一体化发展能够通过消除机会主义行为、优化资源配置、减少信息不对称，从而降低交易成本，提高企业的经济效益和市场竞争力。

4. 实现产品质量安全和保供双重目标

楼房养猪模式保障了猪肉产品质量安全。首先，智能化和标准化生产方式能够通过控制温度、湿度、通风和光照等条件，为猪提供一个提供舒适的生长环境，减少应激反应从而促进生猪健康生长。其次，楼房养猪严格的生物安全措施有助于降低疫病发生风险，确保生猪健康无疫。

其次，一体化的发展模式能够对生猪的育种、饲养、繁殖、疫病防控、饲料使用、药物使用、屠宰加工等全过程进行安全控制和管理，进一步确保了猪肉产品质量安全。最后，楼房养猪模式凭借节约土地、防疫安全、环境友好，以及养殖规模庞大等优势，有助于地方政府实现生猪稳产保供目标。

7.3 本章小结

本章以扬翔、牧原、中新开维三个成功的楼房养猪项目为案例，深入探究了技术创新对楼房养猪高质量发展的影响。本章的研究结论如下：从实践上来看，三个成功的楼房养猪项目案例基于资金和人才等要素的关键支撑，通过建筑设计、养殖技术、疫病防控、环保工艺等方面的创新，有效破解了土地、疫病和环保三大制约因素，实现了规模化、自动化、标准化、智能化和一体化生产，显著地提升了生产效率，实现了产品质量安全和生猪稳产保供双重目标，推动畜牧业高质量发展。

第 8 章

政府补贴如何影响畜牧业企业研发投入强度*

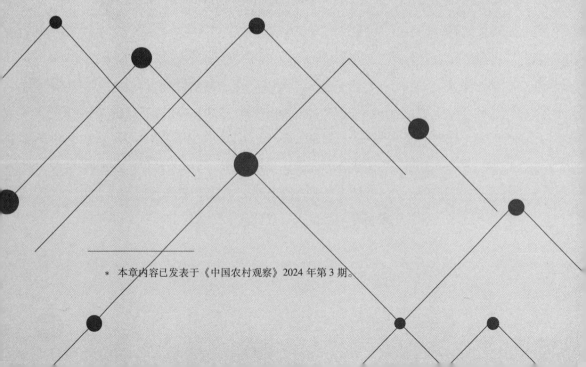

* 本章内容已发表于《中国农村观察》2024 年第 3 期。

前面的分析结果表明，省级层面和企业层面的科技投入分别对省份的畜牧业高质量发展和畜牧业企业高质量发展均有显著的促进作用。既然科技投入如此重要，那么接下来又该如何进一步提高全社会的科技投入呢？根据上市公司年报数据统计，2022 年 70 家涉及畜牧业的上市公司研发投入金额已经达到了 129.3 亿元，是研发机构和高校畜牧业研发投入金额合计（34.4 亿元）的 3.8 倍，畜牧业企业已然是畜牧业科技创新的主体。研究如何提高畜牧业企业，尤其是上市公司的研发投入非常重要。一般而言，企业研发投入金额的绝对值主要受企业规模的影响，因此学界在研究企业研发投入时，重点关注企业研发投入的相对值，即用企业研发投入金额与营业收入的比值得到企业研发投入强度，以此来反映企业的创新活力和研发投入的积极性。根据前面的理论分析，研发的高投入和高风险的特点，以及创新的正外部性容易削弱企业研发投入的积极性，而政府补贴作为一项激励政策被广泛应用于企业。因此，本章基于畜牧业上市公司的数据，通过实证分析来探究政府补贴是否会促进畜牧业企业提升研发投入强度，以及如何影响畜牧业企业研发投入强度。

8.1 数据来源、变量说明与模型设定

8.1.1 数据来源

由于我国从 2007 年开始实施的新会计准则要求上市公司在财务报表中新增研发支出科目，并要求详细披露报表附注中的政府补助信息，为使数据保持一致性，本章以 2007 年为起点建立了一个 2007~2021 年的中国畜牧业上市公司的面板数据，探究政府研发补贴对畜牧业企业研发投入的影响及机制。

此外，按照已有的研究惯例和本章的研究特点，本章对样本进行了如下筛选：（1）剔除数据严重缺失的公司；（2）为减轻极端值的影响，本章对所有连续变量进行了上下 1% 的 Winsorize 处理。本章最终得到了 72 家畜牧业上市公司共 564 个非平衡面板样本数据，并根据申银万国行业分类 2021 年修订版①，将 72 家公司按照主营业务②分为了畜禽养殖、饲料生产、肉制品加工、乳制品加工、动物保健 5 个类型，其中畜禽养殖企业 16 家、饲料生产企业 16 家、肉制品加工企业 12 家，乳制品加工企业 15 家、动物保健企业 13 家。本章所需数据均来自各上市企业 2007 ~ 2021 年年度报告和国泰安（CSMAR）数据库。

本章分析所涉及畜牧业企业的名称如表 8 - 1 所示。

表 8 - 1　　　　　　　　　　畜牧业上市公司样本企业

行业	企业名称
畜禽养殖 （16 家）	东瑞股份、福成股份、华英农业、巨星农牧、立华股份、罗牛山、民和股份、牧原股份、神农集团、圣农发展、天山生物、温氏股份、湘佳股份、晓鸣股份、新五丰、益生股份
饲料生产 （16 家）	傲农生物、大北农、海大集团、禾丰股份、金新农、京基智农、驱动力、唐人神、天邦股份、天康生物、天马科技、通威股份、新希望、粤海饲料、正邦科技、正虹科技
肉制品加工 （12 家）	春雪食品、得利斯、广弘控股、华统股份、煌上煌、金字火腿、绝味食品、龙大美食、上海梅林、双汇发展、仙坛股份、益客食品
乳制品加工 （15 家）	贝因美、光明乳业、皇氏集团、均瑶健康、麦趣尔、妙可蓝多、三元股份、天润乳业、西部牧业、新乳业、熊猫乳品、燕塘乳业、一鸣食品、伊利股份、庄园牧场
动物保健 （13 家）	海利生物、回盛生物、金河生物、科前生物、绿康生化、普莱柯、瑞普生物、申联生物、生物股份、蔚蓝生物、溢多利、永顺生物、中牧股份

资料来源：笔者收集整理所得。

---

① 《申万行业分类标准 2021 版说明》，https：//wxweb. swsresearch. com/swsreport/2021_08/328340. pdf。

② 以营业收入占总收入比重最大的业务部门进行划分。

8.1.2 变量说明

1. 被解释变量：研发投入强度

参照陈泽艺等（2022）的做法，选取研发投入金额与营业收入的比值来衡量企业研发投入强度。

2. 核心解释变量：政府研发补贴、非研发补贴

上市公司年报财务报表的附注"营业外收入"科目下有"政府补贴明细"项目，但并没有区分政府研发补贴和非研发补贴，目前学界主要是依据政府补贴明细的文本信息对政府补贴进行分类（郭玥，2018）。本章收集了2007～2021年我国畜牧业上市公司近两万条政府补贴项目明细信息，包括项目名称及补贴金额。并主要通过人工识别项目名称的方式对政府补贴的明细信息进行分类，确定属于研发补贴的项目及金额后再通过加总得到每家畜牧业企业各年度的政府研发补贴总额，按照类似方法得到非研发补贴总额。

具体而言，若政府补贴项目的明细信息中出现以下几种情况的关键词多为研发补贴项目：（1）出现"科技创新""技术改造""研发""研制""研究"等关键词；（2）出现有关企业创新成果的关键词，如"发明专利""知识产权""新品种培育""新产品研发""新工艺研究"等；（3）出现如"人才""人才计划""英才""专家""院士工作站""产学研""技术合作"等有关人才计划和技术合作方面的关键词；（4）有关畜牧业科技创新的专有名词，如"育种""良种繁育""遗传改良""杂交""饲料制剂""发酵饲料"等与畜禽养殖和饲料生产方面有关的关键词，或者如"加工工艺""牛奶加工""酸奶加工""工艺改进""深加工""低乳糖"等与肉制品和乳制品加工技术有关的关键词，还有如

"病毒""疫苗""新兽药""疾病""霉素""制剂""蛋白"等与动物医药技术研发有关的关键词。收集整理完企业各年度政府研发补贴后，用政府研发补贴强度（政府研发补贴金额占企业营业收入的百分比）作为政府研发补贴的代理变量。同时，用政府非研发补贴强度（政府非研发补贴金额占企业营业收入的百分比）作为政府非研发补贴的代理变量。

3. 调节变量：高管股权激励

借鉴王彦超等（2022）的研究，选取高管持股数量与企业发行总股数的比值作为高管股权激励的代理变量。

4. 控制变量

借鉴陈泽艺等（2022）的研究，本章对企业特征方面的变量进行控制。控制变量分别为：公司规模，使用公司总资产表示；公司成立年限，使用公司当年年份与成立年份的差值表示；财务杠杆，使用总负债与总资产的比值表示；盈利能力，使用净利润与总资产的比值表示；营运能力，使用营业收入与总资产的比值表示；董事团队规模，使用董事人数表示；独董比例，使用独立董事人数与董事人数的比值表示；股权集中度，使用第一大股东持股股数与公司总股数的百分比表示；两职合一，即公司总经理与董事长两个职位是否由一个人担任，若是则赋值为1，否则为0。此外，本章在模型中还控制了企业固定效应和年份固定效应。

表8-2为主要变量的定义和描述性统计结果。结果显示，2007~2021年，中国畜牧业上市公司样本企业的平均研发投入强度为2.013%。2007~2021年，中国沪深交易所上市公司的研发投入金额与营业收入比例的均值为6.473%[①]。这说明，中国畜牧业企业的研发投入强度较低，

[①] 笔者从国泰安数据库下载相关资料并整理得到。

与上市企业的平均水平存在较大差距。样本畜牧业企业研发投入强度的标准差为 2.606，表明不同畜牧业企业之间的研发投入差异较大。此外，样本畜牧业企业获得的政府研发补贴与其营业收入之比的均值为 0.159%，标准差为 0.319。这意味着，畜牧业企业获得的政府研发补贴较少，而且，政府对不同畜牧业企业的补贴金额差距较大。畜牧业企业获得的非研发补贴与其营业收入之比的均值为 0.957%，高于研发补贴与企业营业收入之比的均值（0.159%）。这说明，中国政府对畜牧业企业的补贴主要集中在非研发补贴上，研发补贴的比重有待提升。

表 8–2 主要变量定义、赋值及描述性统计

变量类型	变量名称	变量定义及计算公式	单位	均值	标准差
被解释变量	研发投入强度	（企业研发投入金额/营业收入）×100%	%	2.013	2.606
核心解释变量	政府研发补贴	（政府研发补贴金额/营业收入）×100%	%	0.159	0.319
	政府非研发补贴	（政府非研发补贴金额/营业收入）×100%	%	0.957	1.299
调节变量	高管股权激励	（高管持股数量/企业总股数）×100%	%	6.851	13.71
	公司规模	总资产	亿元	88.39	169.2
	公司成立年限	公司当年年份与成立年份的差值	年	17.50	5.945
	财务杠杆	总负债/总资产		0.407	0.178
	盈利能力	净利润/总资产		0.046	0.076
控制变量	营运能力	营业收入/总资产		1.028	0.725
	董事团队规模	董事人数	人	8.298	1.445
	独董比例	独立董事人数/董事人数		0.375	0.059
	股权集中度	（第一大股东持股股数/公司总股数）×100%	%	35.60	14.32
	两职合一	总经理与董事长二职合一为1，否则为0		0.303	0.460

注：为使描述性统计有意义，此表中的公司规模、公司成立年限和董事团队规模为原值信息，在后面的回归分析中进行了取自然对数处理。

8.1.3 模型选择

本章设定的基准回归模型如下：

$$RD_{it} = \alpha + \beta_1 rds_{it} + \beta_2 nrds_{it} + \gamma Controls_{it} + \delta + \varepsilon_{it} \qquad (8-1)$$

其中，i 代表公司，t 代表年份，被解释变量 RD_{it} 表示研发投入强度，rds_{it} 表示政府研发补贴，$nrds_{it}$ 表示政府非研发补贴，$Controls_{it}$ 表示控制变量组，δ 表示企业固定效应和年份固定效应，ε 表示随机扰动项，α 为常数项，β_1、β_2 和 γ 为待估计系数。

考虑到潜在的内生性问题，本章在式（8-1）的基准回归模型中，分别使用同省份同年度的所有企业政府研发补贴均值和非研发补贴均值作为政府研发补贴和非研发补贴的工具变量。从政府研发补贴与畜牧业企业研发投入强度的逻辑关系看，政府的研发补贴可以通过资源获取和信号传递两个渠道提升畜牧业企业的研发投入强度。不过，研发投入强度越高的畜牧业企业可能会更加积极地申请政府研发补贴。同时，政府发放研发补贴通常会设置一些规则制度和门槛条件，这意味着，畜牧业企业研发投入强度越高，其获得的政府研发补贴可能也越多。因此，上述基准回归模型可能存在由互为因果和样本选择偏误导致的内生性问题。本章选取畜牧业企业所在省份同一年度的所有企业政府研发补贴均值作为政府研发补贴的工具变量。从相关性来看，在同一年度同一省份的畜牧业企业面临的外部环境大体相同，某一个畜牧业企业获得的政府研发补贴受同省一份同一年度所有企业获得的政府研发补贴平均值的影响；从外生性来看，同一省份同一年度所有畜牧业企业获得的政府研发补贴均值难以对某一个畜牧业企业的研发投入强度产生影响。所以，该工具变量满足相关性和外生性条件。同理，本章使用畜牧业企业所在省份同一年度的所有企业政府非研发补贴均值作为政府非研发补贴的工具变量。

为进一步检验高管股权激励在政府研发补贴影响畜牧业企业研发投

入强度中的调节作用，本章在使用工具变量法的基础上，建立如下调节效应模型：

$$RD_{it} = \alpha + \beta_1 rds_{it} + \beta_3 ES_{it} + \beta_{13} rds_{it} \times ES_{it} + \beta_2 nrds_{it} + \gamma Controls_{it} + \delta + \varepsilon_{it}$$

$$(8-2)$$

其中，$rds_{it} \times ES_{it}$ 表示政府研发补贴与高管股权激励的交互项，其他在式（8-1）中出现的变量所表示的含义与式（8-1）相同。

8.2 样本特征和组间差异分析

8.2.1 样本畜牧业企业的基本特征

样本畜牧业企业的基本特征如表 8-3 所示。从企业规模看，企业总资产在 20 亿元及以下、20 亿~60 亿元、60 亿元及以上的样本在总样本中的占比分别为 32.62%、36.17%、31.21%。企业成立年限大部分集中在 10~20 年，在全部样本中占比 61.35%。从企业所有权性质来看，样本畜牧业企业多为民营企业，占比 68.62%。从净利润来看，12.77% 的企业处于亏损状态，净利润为 0~1 亿元的样本占比 30.85%，1 亿~5 亿元的占比 36.35%，5 亿元及以上的占比 20.04%。从企业生命周期来看，样本企业大多数处于成长期和成熟期，分别占比 56.03% 和 33.51%，衰退期企业只占 10.46%。这与中国所有上市公司生命周期的分布特征基本相符（倪志良等，2022）。从行业类型分布特征来看，畜禽养殖企业占比 19.68%，饲料生产企业占比 28.01%，肉制品加工企业占比 14.01%，乳制品加工企业占比 22.87%，动物保健企业占比 15.43%，总体来看各行业分布较为均匀。高管持有公司股票的企业占比 74.29%，说明大多数畜牧业企业会通过股权方式激励高管。91.49% 的样本企业获得了政府研发补贴，表明政府对畜牧业企业的研发创新较为重视。综合来看，样本畜牧业企业的分布特征和代表性均较好。

表 8 – 3 样本畜牧业企业基本特征

指标	样本特征	样本量（个）	比例（%）	指标	样本特征	样本量（个）	比例（%）
企业规模（总资产）	20 亿元及以下	184	32.62	企业生命周期	成长期	316	56.03
	20 亿~60 亿元	204	36.17		成熟期	189	33.51
	60 亿元及以上	176	31.21		衰退期	59	10.46
企业成立年限	10 年及以下	58	10.28	行业类型	畜禽养殖	111	19.68
	10~20 年	346	61.35		饲料生产	158	28.01
	20 年及以上	160	28.37		肉制品加工	79	14.01
企业所有权性质	国有企业	177	31.38		乳制品加工	129	22.87
	民营企业	387	68.62		动物保健	87	15.43
净利润	0 亿元及以下	72	12.77	高管是否持股	未持有公司股票	145	25.71
	0~1 亿元	174	30.85		持有公司股票	419	74.29
	1 亿~5 亿元	205	36.35	是否获得研发补贴	未获得研发补贴	48	8.51
	5 亿元及以上	113	20.03		获得研发补贴	516	91.49

8.2.2 组间差异分析

在进行回归分析之前，本章对可能影响畜牧业企业研发投入强度的主要变量进行了组间差异检验，结果如表 8 – 4 所示。

表 8 – 4 研发投入强度组间差异显著性检验

变量	均值		组间差异 t 检验值及显著性	均值		组间差异 t 检验值及显著性
	获得政府研发补贴	未获得政府研发补贴		政府研发补贴较高组	政府研发补贴较低组	
研发投入强度	2.13%	0.74%	1.389***	3.15%	0.88%	2.264***
	高管持有股票	高管未持有股票		政府非研发补贴较高组	政府非研发补贴较低组	
	2.25%	1.34%	0.909***	2.61%	1.41%	1.203***

注：①*** 表示 1% 的显著性水平；②当两组的样本方差不相等时，组间均值差异的 t 检验需要增加异方差选项。本章在进行 t 检验之前，通过方差齐次性检验发现以上组间均存在异方差。因此，本章的 t 检验是在加入异方差选项的基础上进行的。

首先，根据畜牧业企业是否获得政府研发补贴进行的分组发现，获得政府研发补贴的畜牧业企业研发投入强度的均值为2.13%，未获得政府研发补贴的畜牧业企业研发投入强度的均值为0.74%。二者的差异在1%的显著性水平意义上显著，初步印证了本书的研究假设 H7。

其次，将政府研发补贴和非研发补贴按照中位数分为较高组和较低组。结果表明，政府研发补贴和政府非研发补贴较高组企业的研发投入强度均高于较低组。而且，这种差异在统计上是显著的。从调节变量来看，高管持有股票的畜牧业企业研发投入强度均值为2.25%，显著高于高管未持有股票的畜牧业企业的研发投入强度均值（1.34%）。

此外，按照企业所处的生命周期的差异，本书对一些主要变量进行了组间差异检验，具体结果如表8-5所示。从营业收入来看，成熟期企业营业收入的均值为120.70亿元，成长期企业营业收入的均值为103.63亿元，衰退期企业营业收入的均值为41.13亿元。而且，成长期与衰退期、成熟期与衰退期企业营业收入均值的组间差异是显著的。这与前面分析的处于不同生命周期的企业所具有的特征基本一致，说明本书对样本的分组较为合理，与理论预期基本保持一致。从研发投入强度来看，成熟期企业的研发投入强度最高，其次为衰退期和成长期的企业，但是组间差异并不显著。不同生命周期的畜牧业企业在获得的政府研发补贴方面也没有表现出显著差异。从高管股权激励来看，成长期企业的高管持股比例最高，为8.43%，这一数值在成熟期企业为5.72%，在衰退期企业为2.01%。而且，高管持股比例在不同生命周期企业间存在显著差异。

表8-5　　　　　　　　　　主要变量组间差异显著性检验

变量（单位）	均值			组间差异 t 检验值及显著性		
	成长期	成熟期	衰退期	成长 vs 成熟	成长 vs 衰退	成熟 vs 衰退
营业收入（亿元）	103.63	120.70	41.13	-17.077	62.492 **	79.569 ***
研发投入强度（%）	1.89	2.23	1.99	-0.341	-0.101	0.241

变量（单位）	均值			组间差异 t 检验值及显著性		
	成长期	成熟期	衰退期	成长 vs 成熟	成长 vs 衰退	成熟 vs 衰退
政府研发补贴（%）	0.16	0.15	0.20	0.013	− 0.038	− 0.052
政府非研发补贴（%）	0.93	0.88	1.36	0.044	− 0.437 **	− 0.480 ***
高管股权激励（%）	8.43	5.72	2.01	2.706 **	6.415 ***	3.709 **

注：①** 和 *** 分别表示5% 和1% 的显著性水平；②当两组的样本方差不相等时，组间均值差异的 t 检验需要增加异方差选项，本章在进行 t 检验之前，通过方差齐次性检验发现以上组间均存在异方差，因此，本章的 t 检验是在加入异方差选项的基础上进行的；③成长 vs 成熟、成长 vs 衰退、成熟 vs 衰退分别表示成长期企业和成熟期企业、成长期企业和衰退期企业、成熟期企业和衰退期企业之间的均值差异 t 检验结果。

8.3 实证分析

8.3.1 政府研发补贴和非研发补贴对畜牧业企业研发投入强度的影响

政府研发补贴和非研发补贴对畜牧业企业研发投入强度影响的回归结果如表 8 - 6 所示。列（1）和列（2）为 OLS 估计结果，可以发现，在加入控制变量前后，政府研发补贴均对畜牧业企业研发投入强度有显著的正向影响，而政府非研发补贴对畜牧业企业研发投入强度的影响则不显著。考虑到模型潜在的内生性问题，本章分别使用所有企业的同省份同年份所有企业的政府研发补贴均值和非研发补贴均值作为政府研发补贴和非研发补贴的工具变量，并使用 2SLS 方法进行回归，结果如列（3）和列（4）所示。两者均通过了不可识别检验和弱工具变量检验，说明工具变量的选取是有效的。列（3）和列（4）为使用 2SLS 方法的估计结果，可以发现，在加入控制变量前后，政府研发补贴依然能显著提升畜牧业企业研发投入强度，而政府非研发补贴变量依然不显著。

表8-6 政府研发补贴和非研发补贴对畜牧业企业研发投入影响的回归结果

变量	畜牧业企业研发投入强度			
	OLS		IV + 2SLS	
	(1)	(2)	(3)	(4)
政府研发补贴	1.459 ***	1.311 ***	1.788 ***	1.660 ***
	(3.47)	(3.39)	(4.20)	(3.87)
政府非研发补贴	-0.001	0.043	0.004	-0.005
	(-0.02)	(0.58)	(0.07)	(-0.08)
公司规模		0.358		0.353 **
		(1.30)		(2.16)
公司成立年限		-2.883 *		-2.878 ***
		(-1.95)		(-3.53)
财务杠杆		-1.845		-1.668 **
		(-1.42)		(-2.51)
盈利能力		-3.132 *		-3.061 ***
		(-1.93)		(-2.92)
营运能力		0.476		0.474 **
		(1.45)		(2.52)
董事团队规模		0.014		0.002
		(0.02)		(0.00)
独董比例		3.060		2.901
		(0.99)		(1.62)
股权集中度		-0.006		-0.006
		(-0.55)		(-0.86)
两职合一		-0.377		-0.402 *
		(-0.97)		(-1.80)
企业固定效应	已控制	已控制	已控制	已控制
年份固定效应	已控制	已控制	已控制	已控制
观测值数	564	564	557	557
R^2	0.129	0.222	0.125	0.217
Kleibergen - Paap rk LM 统计量的 p 值			0.000	0.000
Cragg - Donald Wald F 值			108.799	107.301

注：①*、**和***分别表示10%、5%和1%的显著性水平；②括号内数字为依据企业层面聚类稳健标准误测算的t统计量；③Kleibergen - Paap rk LM统计量的p值为不可识别检验结果；④Cragg - Donald Wald的F值为弱工具变量检验结果，结果表明工具变量选取有效，由于下面的回归结果均是基于IV + 2SLS方法得出的，故在后面的回归结果中不再赘报工具变量检验结果。

上述实证结果与本章的研究假设 H7 是一致的。政府研发补贴具有更为明确的研发目标，可以通过资源获取和信号传递方式，显著提升畜牧业企业研发投入强度。由于政府非研发补贴的研发成本降低效应和研发水平认证的信号传递效应均比政府研发补贴弱，因而该变量对畜牧业企业研发投入强度没有表现出显著的提升作用。

8.3.2 政府研发补贴对不同生命周期畜牧业企业研发投入强度的影响

表 8-7 是不同生命周期下政府研发补贴对畜牧业企业研发投入强度影响的回归结果。结果表明，政府研发补贴对成长期畜牧业企业研发投入强度有显著的正向影响，但是，对成熟期和衰退期畜牧业企业研发投入强度的影响不显著。政府非研发补贴对处于不同生命周期的畜牧业企业研发投入强度的影响在统计上均不显著。原因可能是，成长期的畜牧业企业处于快速发展阶段，需要大量资金用于研发创新以进一步提高竞争力，政府研发补贴恰好可以通过降低研发成本和信号传递两个途径促进企业加大研发投入强度。成熟期的畜牧业企业具有较为稳定的市场地位和盈利能力，一方面，此时的企业可能产生创新惰性，另一方面，成熟期企业的研发投入决策更多是基于市场需求和战略规划而做出的，而非单纯依赖政府的研发补贴。因此，政府研发补贴对成熟期畜牧业企业研发投入强度并未产生显著的影响。衰退期的畜牧业企业研发投入的意愿和能力可能均会受业绩下滑、盈利能力下降等因素的限制，此时，政府研发补贴也无法显著提升其研发投入强度。此外，本章样本中处于衰退期的畜牧业企业样本量较少可能也是政府研发补贴变量不显著的一个原因。

表 8－7 政府研发补贴对不同生命周期畜牧业企业
研发投入强度的影响

变量	畜牧业企业研发投入强度（IV＋2SLS）		
	成长期	成熟期	衰退期
	（1）	（2）	（3）
政府研发补贴	1.948 *** (3.03)	2.238 (1.49)	0.701 (0.71)
政府非研发补贴	0.047 (0.47)	－0.043 （－0.27）	0.078 (0.14)
控制变量	已控制	已控制	已控制
企业固定效应	已控制	已控制	已控制
年份固定效应	已控制	已控制	已控制
观测值数	303	177	41
R^2	0.277	0.383	0.672

注：① *** 表示 1% 的显著性水平；②括号内数字为依据企业层面聚类稳健标准误测算的 t 统计量；③控制变量同表 8－6。

8.3.3 高管股权激励在政府研发补贴对畜牧业企业研发投入强度影响中的调节效应

为检验高管股权激励是否会在政府研发补贴影响畜牧业企业研发投入强度过程中起到调节作用，本章加入高管股权激励与政府研发补贴的交互项，并重新进行回归。同时，为缓解交互项与核心解释变量和调节变量之间的高度共线性，本章对核心解释变量和调节变量均进行中心化处理，将中心化处理后生成的交互项纳入回归模型，相关估计结果如表 8－8 所示。

表8–8 高管股权激励在政府研发补贴对畜牧业企业研发
投入强度的影响中的调节效应

变量	畜牧业企业研发投入强度（IV+2SLS）			
	（1）	（2）	（3）	（4）
	全样本	成长期	成熟期	衰退期
政府研发补贴	1.585***	1.477**	5.256*	1.193
	（3.63）	（2.05）	（1.84）	（1.06）
政府非研发补贴	−0.000	0.092	−0.218	−0.019
	（−0.01）	（0.91）	（−0.95）	（−0.04）
高管股权激励	0.005	0.014	−0.058*	−0.080
	（0.70）	（1.22）	（−1.88）	（−1.01）
政府研发补贴×高管股权激励	0.005	0.027**	−0.088	0.155
	（0.36）	（2.19）	（−1.40）	（0.67）
控制变量	已控制	已控制	已控制	已控制
企业固定效应	已控制	已控制	已控制	已控制
年份固定效应	已控制	已控制	已控制	已控制
观测值数	557	303	177	41
R^2	0.220	0.290	0.341	0.696

注：①*、**和***分别表示10%、5%和1%的显著性水平；②括号内数字为依据企业层面聚类稳健标准误测算的t统计量；③控制变量同表8–6。

可以发现，在全样本中，高管股权激励并没有在政府研发补贴对畜牧业企业研发投入强度的影响中起到调节作用。本章认为，这可能是因为全样本中不同生命周期的畜牧业企业混合在一起，从而削弱了高管股权激励的调节效应。于是，本章将样本企业按照成长期、成熟期和衰退期进行分组并重新回归，估计结果见表8–8列（2）~列（4）。结果表明，对成长期企业而言，高管股权激励在政府研发补贴对畜牧业企业研发投入强度的影响中起到了显著的正向调节作用。但对成熟期和衰退期企业的调节效应不显著。原因可能是，成长期的畜牧业企业处于业务扩张期，发展前景广阔，企业股票增值空间大。在该阶段，企业向高管发放股权更容易激励高管与企业一起"开疆拓土"。而高管从企业的长远利益出发，能够充分发挥政府研发补贴的作用，积极加强研发创新投资以提升企业竞争力。成熟期的畜牧业企业已经拥有稳定的市场份额和盈利能力，对研发投入的风险控制要求比成长期更高，在决策时会更多地考虑研发项目的长期收益。虽然高管股权激励可以激发其工作积极性，但可能无法直接影响企业的研发投资决策。衰退期企业业绩下滑，面临并购风险，股票价值较低且有下跌风险，在该阶段，高管股权激励发挥的作用相对有限。

8.4 稳健性检验

8.4.1 剔除部分样本

首先，由于中国上市公司的研发支出科目和政府补贴信息从 2007 年才开始公布，畜牧业企业在前两年填报的有关数据可能会因为对指标理解不准确而存在误差，故本章删除了 2007 年和 2008 年的样本，并重新进行估计。其次，如果企业上市时间较短，则短时间内企业的研发投入可能存在不稳定性，故本章在删除 2007 年和 2008 年样本的基础上进一步剔除了上市年限少于 3 年的样本，并重新进行估计。相关估计结果如表 8 – 9 列（1）和列（2）所示，可以发现，政府研发补贴变量依然显著且估计系数为正，说明前面的估计结果是稳健的。

表 8 – 9 　　　　　稳健性检验：约束分析数据集与替换变量

变量	畜牧业企业研发投入强度（IV + 2SLS）		
	（1）	（2）	（3）
	删除 2007 年和 2008 年样本	在列（1）的基础上剔除上市少于 3 年的样本	替换变量
政府研发补贴	1.682 ***	1.712 ***	2.352 ***
	(3.92)	(3.94)	(3.56)
政府非研发补贴	0.013	0.021	0.054
	(0.19)	(0.31)	(0.65)
控制变量	已控制	已控制	已控制
企业固定效应	已控制	已控制	已控制

续表

变量	畜牧业企业研发投入强度（IV + 2SLS）		
	（1）	（2）	（3）
	删除 2007 年和 2008 年样本	在列（1）的基础上剔除上市少于 3 年的样本	替换变量
年份固定效应	已控制	已控制	已控制
观测值数	544	530	557
R^2	0.206	0.209	0.205

注：①*** 表示 1% 的显著性水平；②括号内数字为依据企业层面聚类稳健标准误测算的 t 统计量；③控制变量同表 8 - 6。

8.4.2　替换变量

本章使用企业研发投入金额占总资产的百分比替代原来的被解释变量，使用政府研发补贴金额占企业总资产的百分比替代原来的核心解释变量（政府研发补贴），使用政府非研发补贴金额占企业总资产的百分比替代原来的政府非研发补贴变量，工具变量仍为同一省份同一年度所有企业获得的政府研发补贴金额占企业总资产百分比的均值和政府非研发补贴金额占企业总资产百分比的均值。回归结果如表 8 - 9 列（3）所示，可以发现，政府研发补贴对畜牧业企业研发投入强度的影响仍然显著为正。这说明，前面的估计结果具有良好的稳健性。

8.5 | 异质性分析

8.5.1　政府研发补贴对不同所有权性质的畜牧业企业研发投入强度的影响

在中国，多种所有制企业共存，国有企业与民营企业在体制形式、管理模式等方面存在较大差异，政府研发补贴对畜牧业企业研发投入强度的影响可能因企业所有权性质的不同而有所差异。因此，本章分别检验在国有企业和民营企业中，政府研发补贴对畜牧业企业研发投入强度的影响，估计结果如表8-10所示。可以发现，政府研发补贴没有对国有畜牧业企业的研发投入强度产生显著影响，但对民营畜牧业企业研发投入强度具有显著的正向影响。究其原因，一方面，通常而言，民营畜牧业企业比国有畜牧业企业受到的融资约束更强，政府研发补贴的获得有助于缓解民营畜牧业企业在研发资金方面面临的融资约束，从而激励其增加研发投入；另一方面，国有畜牧业企业本来便与政府联系紧密，这使政府研发补贴不易产生信号传递效应，而获得政府研发补贴的民营畜牧业企业更易被外部投资者关注，信号传递效应可以发挥作用，因而政府研发补贴对民营畜牧业企业的研发投入强度具有明显的促进作用。

表8-10　　　　政府研发补贴对不同所有权性质畜牧业企业研发投入强度的影响

变量	畜牧业企业研发投入强度（IV+2SLS）	
	国有企业	民营企业
	（1）	（2）
政府研发补贴	-0.858 （-0.53）	2.014*** （4.45）
政府非研发补贴	0.210 （0.88）	-0.006 （-0.09）
控制变量	已控制	已控制
企业固定效应	已控制	已控制
年份固定效应	已控制	已控制
观测值数	177	380
R^2	0.429	0.151

注：①*** 表示1%的显著性水平；②括号内数字为依据企业层面聚类稳健标准误测算的 t 统计量；③控制变量同表8-6。

8.5.2 政府研发补贴对不同行业畜牧业企业研发投入强度的影响

畜牧业企业科技创新的动力和获得政府研发补贴的机会可能会因所处行业的不同而存在差异，本章按照企业主营业务的不同，将样本企业进行分组，分别检验在畜禽养殖、饲料生产、肉制品加工、乳制品加工和动物保健企业，政府研发补贴对企业研发投入强度的影响，估计结果如表 8 – 11 所示。可以发现，政府研发补贴对乳制品加工企业和动物保健企业的研发投入强度具有显著正向影响，对其他行业企业研发投入强度的影响并不显著。这说明，与其他行业相比，政府研发补贴对提升乳制品加工企业和动物保健企业研发投入强度的效果更好。原因在于，受国际原奶价格和生产成本上升的影响，国内乳制品加工企业竞争越发激烈，诸多乳制品加工企业为增强综合竞争力，纷纷加大了研发投入力度。此时，政府研发补贴更容易激发乳制品加工企业提高研发投入强度。与其他行业相比，动物保健企业技术含量更高，其研发投入的整体水平也更高，因此，政府研发补贴对研发创新能力较强的动物保健企业所产生的激励效应更为明显。对样本畜牧业企业的情况梳理显示，动物保健企业平均研发投入强度为 6.83，远高于畜禽养殖企业（0.82）、饲料生产企业（1.46）和肉制品加工企业（0.85）。此外，在非洲猪瘟疫情、饲料"禁抗"、养殖"减抗"、兽药严重违法行为从重处罚情形公告的发布等因素的影响下，为应对市场需求的变化、保持竞争优势，动物保健企业必须加强技术研发创新力度。这一现实压力可能也使政府研发补贴对动物保健企业研发投入的激励效应更加明显。

表 8 – 11 政府研发补贴对不同行业畜牧业企业研发投入强度的影响

变量	畜牧业企业研发投入强度（IV + 2SLS）				
	（1）	（2）	（3）	（4）	（5）
	畜禽养殖	饲料生产	肉制品加工	乳制品加工	动物保健
政府研发补贴	0.484 (1.15)	– 7.375 (– 1.14)	– 0.894 (– 0.81)	6.247 ** (2.19)	0.945 *** (2.64)
政府非研发补贴	– 0.008 (– 0.21)	0.265 (1.03)	1.256 (0.88)	– 0.177 (– 1.32)	0.161 (0.76)
控制变量	已控制	已控制	已控制	已控制	已控制
企业固定效应	已控制	已控制	已控制	已控制	已控制
年份固定效应	已控制	已控制	已控制	已控制	已控制
观测值数	109	156	77	129	86
R^2	0.465	0.093	0.287	0.220	0.837

注：①** 和 *** 分别表示 5% 和 1% 的显著性水平；②括号内数字为依据企业层面聚类稳健标准误测算的 t 统计量；③控制变量同表 8 – 6。

8.5.3 政府研发补贴对不同地区畜牧业企业研发投入强度的影响

不同地区的经济发展水平、企业的研发投入氛围均存在一定差异，本章根据畜牧业企业办公地址所在地的不同，将样本企业所属区域划分为东部地区、中部地区和西部地区①。具体而言，根据样本企业所在省份，将北京、天津、河北、上海、江苏、浙江、福建、山东、广东、海南和辽宁划分为东部地区，将江西、河南、湖北、湖南、内蒙古和吉林划分为中部地区，将广西、四川、云南、宁夏、甘肃、新疆划分为西部地区。需要说明的是，国家统计局将内蒙古划为西部地区，但由于内蒙古东西跨度长，其不同部分可被划分为不同经济地带，本章的样本企业

① 参考国家统计局对我国经济地带的划分（https：//www.stats.gov.cn/hd/lyzx/zxgk/202107/t20210730_1820095.html）。

位于内蒙古的有3家，分别为伊利股份（位于呼和浩特）、生物股份（位于呼和浩特）、金河生物（位于托克托县，紧邻呼和浩特），根据呼和浩特市的区位特点，本章将内蒙古的3家企业划为中部地区。在此基础上，分别检验在不同地区政府研发补贴对畜牧业企业研发投入强度的影响，回归结果如表8-12所示。

表8-12　　　　政府研发补贴对不同地区畜牧业企业研发投入强度的影响

变量	畜牧业企业研发投入强度（IV + 2SLS）		
	（1）	（2）	（3）
	东部地区	中部地区	西部地区
政府研发补贴	2.087***	1.234*	-1.024
	(3.34)	(1.75)	(-0.98)
政府非研发补贴	0.007	0.045	0.021
	(0.10)	(0.15)	(0.20)
控制变量	已控制	已控制	已控制
企业固定效应	已控制	已控制	已控制
年份固定效应	已控制	已控制	已控制
观测值数	306	143	107
R^2	0.185	0.609	0.367

注：①*和***分别表示10%和1%的显著性水平；②括号内数字为依据企业层面聚类稳健标准误测算的t统计量；③控制变量同表8-6。

结果显示，政府研发补贴能够显著提升东部地区和中部地区畜牧业企业的研发投入强度，对西部地区畜牧业企业研发投入强度并没有产生显著影响。本章认为，上述结果的出现可能与不同地区畜牧业企业研发投入水平的差异有关。对样本企业的统计结果表明，东部地区和中部地区畜牧业企业的研发投入强度分别为2.11和2.29，远高于西部地区的1.34，而在企业研发投入基础较好的地区，政府研发补贴可能更容易发挥对企业研发投入强度的激励作用。

8.6 | 本章小结

　　畜牧业企业是畜牧业科技创新的主体。现阶段，中国畜牧业企业面临科技创新能力不足、研发投入强度较低等问题。政府补贴是一项重要的调控工具，能否影响以及如何影响畜牧业企业的研发投入强度，进而纠正由技术创新的正外部性引发的市场失灵问题？本章利用2007～2021年中国畜牧业上市公司的数据，实证分析了政府研发补贴和非研发补贴对畜牧业企业研发投入强度的影响。

　　主要得出以下四点研究结论：第一，政府研发补贴能够显著提升畜牧业企业研发投入强度，政府非研发补贴对畜牧业企业研发投入强度的影响不明显。在用工具变量法解决内生性问题、采用多种方式进行稳健性检验后，上述结论依然成立。第二，政府研发补贴对成长期畜牧业企业研发投入强度有显著正向影响，对成熟期和衰退期畜牧业企业研发投入强度的影响在统计上不显著。第三，对成长期企业而言，高管股权激励能够在政府研发补贴对畜牧业企业研发投入强度的影响中起到显著的正向调节作用，但对处于成熟期和衰退期畜牧业企业研发投入强度的调节效应并不显著。第四，政府研发补贴能显著提升民营畜牧业企业的研发投入强度，但对国有畜牧业企业研发投入强度的影响并不显著；政府研发补贴能够显著提升乳制品加工企业和动物保健企业的研发投入强度，但对畜禽养殖、饲料生产和肉制品加工企业研发投入强度的提升作用在统计上不显著；政府研发补贴对东部地区和中部地区畜牧业企业的研发投入强度有显著的提升作用，对西部地区畜牧业企业的研发投入强度的影响并不显著。

第 **9** 章

研究结论、政策启示及展望

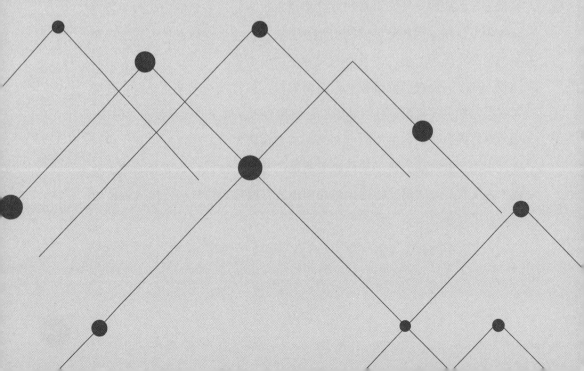

本书通过理论、实证和案例分析，从宏观和微观视角全面系统地分析了科技投入、技术创新对畜牧业高质量发展的影响，以及提升畜牧业企业研发投入强度的路径。首先，以畜牧业发展的目标和结果导向出发，从产品质量、生产效率、绿色发展和动物防疫四个维度测算了我国 31 个省（区、市）的畜牧业高质量发展水平。其次，基于省级面板数据，从宏观层面探究科技投入、技术创新对畜牧业高质量发展的影响。进一步，基于畜牧业上市公司数据，以畜牧业企业的全要素生产率代表畜牧业企业高质量发展，从微观层面探究企业科技投入、技术创新对其高质量发展的影响。此外，通过案例分析，以近年来快速兴起的楼房养猪模式为例，剖析了技术创新推动生猪产业高质量发展的作用机理。最后，为进一步激发畜牧业企业科技创新活力，基于中国畜牧业上市公司数据，从企业生命周期和高管股权激励的视角探究了政府补贴对畜牧业企业研发投入强度的影响。综合以上研究内容，本书得出以下主要结论及启示。

9.1 研究结论

第一，我国已基本形成一套集科研、教育、推广和服务于一体的畜牧业科技管理体制，且从国家层面和省级层面有一套较为完整的畜牧业科技投入保障机制。近年来，我国科研机构畜牧业科技从业人员数量和素质不断提升，科研机构畜牧业 R&D 经费支出以实验发展和应用研究为主，基础研究占比较低，且经费来源以政府资金为主。我国科研机构、高等学校和企业的畜牧业研发投入金额持续增长，且畜牧业企业作为畜牧业科技创新主体的地位持续加强。当前我国畜牧科技投入仍面临科技投入力度相对不足、科技投入领域分布不合理、科技投入主体协同度不高、畜牧业科技人才相对匮乏等问题。

第二，我国畜牧业高质量发展水平整体呈现上升的趋势，已从 2010 年的 0.3587 增加到了 2020 年的 0.5955，十年间提升了 66.0%，年均增长率为 5.2%。从不同维度的变化趋势来看，绿色发展水平增速最快，其次依次为生产效率水平、动物防疫水平、产品质量水平。分省份来看，2010 ~ 2020 年中国畜牧业高质量发展平均水平总体呈现从东到西递减的趋势。

第三，基于省级面板数据，通过实证研究发现，首先，科技投入能够显著提升畜牧业高质量发展水平；从空间效应来看，科技投入不仅能够促进本省畜牧业高质量发展水平，而且对邻近省份的畜牧业高质量发展水平也存在促进作用，即产生了正向的空间溢出效应。其次，技术创新能够显著提升畜牧业高质量发展水平；从空间效应来看，技术创新对本省畜牧业高质量发展具有正向促进作用，但对邻近省份的畜牧业高质量发展促进作用不明显，即空间溢出效应不明显。最后，机制研究发现，科技投入能通过促进技术创新来进一步提升畜牧业高质量发展水平。

第四，基于上市公司数据的实证分析发现，畜牧业企业科技投入对畜牧业企业全要素生产率有显著的促进作用，畜牧业企业科技投入能够通过促进畜牧业企业技术创新来提升畜牧业企业全要素生产率。异质性分析发现，畜牧业企业科技投入能显著提升民营畜牧业企业全要素生产率，但对国有畜牧业企业全要素生产率的影响并不显著。

第五，通过案例研究发现，扬翔、牧原、中新开维牧三个成功的楼房养猪项目基于资金和人才的支撑，通过技术创新有效破解了土地、疫病和环保三大制约因素，实现了规模化、自动化、标准化、智能化和一体化生产，显著地提升了生猪生产效率和竞争力，实现了产品质量安全和生猪稳产保供双重目标，推动了生猪产业高质量发展。

第六，政府研发补贴能够显著提升畜牧业企业研发投入强度，非研发补贴对畜牧业企业研发投入强度的影响不显著，将畜牧业企业按照生命周期分为成长期、成熟期和衰退期三种类型，发现政府研发补贴对成长期畜牧业企业研发投入强度有显著正向影响，对成熟期和衰退期畜牧业企业影响不显著，高管股权激励能够在政府研发补贴对成长期的畜牧业企业研发投入强度的影响中起到显著的正向调节作用,异质性分析发现,政府研发补贴能显著提升民营畜牧业企业研发投入强度,对国有畜牧业企业未有显著提升作用,政府研发补贴能显著提升乳制品加工和动物保健企业的研发投入强度,对畜禽养殖、饲料生产和肉制品加工企业研发投入强度的提升作用不显著,政府研发补贴对东部地区和中部地区的畜牧业企业研发投入强度有显著提升作用,在西部地区没有显著影响。

9.2 政策启示

9.2.1 健全畜牧业科技投入管理体制

第一,完善科技投入政策体系。政府应制定和完善一系列针对畜牧业的科技投入政策,确保科技投入的稳定增长和合理使用。这些政策应涵盖财政资金支持、税收优惠、金融扶持等多个方面,为畜牧业科技创新提供全方位的政策保障。

第二,建立多元化的科技投入机制。政府应引导社会资本投入畜牧业科技创新,形成政府、企业、金融机构、社会资本等多元化的投入格局。通过设立畜牧业科技创新基金、引导社会资本参与科技项目等方式,激发市场主体的创新活力。

第三,加强科技投入管理和监督。政府应建立健全畜牧业科技投入的管理和监督机制,确保科技投入资金使用的透明性和有效性。加强对科技项目的立项、评审、实施、验收等环节的监管,防止科技资源的浪费和滥用。

9.2.2 加强畜牧业科技创新区域合作

为充分发挥科技投入对畜牧业高质量发展的促进作用和空间溢出效

应，以及打破技术创新对邻近地区的扩散的壁垒，得出以下几个方面的政策启示。

第一，建立区域合作机制。首先，建立畜牧业科技信息共享平台，让不同地区能够及时了解到最新的科技进展，从而减少信息不对称，提高决策效率。其次，鼓励不同地区之间的科研机构、高校和企业进行协同研发，通过资源整合和优势互补，共同攻克技术难题，推动畜牧业技术创新。

第二，加强区域间畜牧业技术扩散和交流。首先，构建完善的技术推广体系，包括畜牧业技术推广站、科技特派员制度等，确保先进技术能够及时、有效地传播到各个地区。其次，组织畜牧业从业者跨区域进行技术培训，促进畜牧业技术的区域扩散。

第三，优化畜牧业科技资源配置。首先，各地区应根据自身的资源禀赋和比较优势，进行畜牧业资源的整合和优化配置，避免资源的重复建设和浪费。其次，制定相应激励政策鼓励发达地区的企业和科研机构到欠发达地区进行技术投资和推广。

9.2.3 优化对畜牧业企业的补贴政策

第一，优化对畜牧业企业的政府补贴结构，逐步提高其研发补贴比例。当前对畜牧业企业的政府补贴中非研发投入的比重较高，而研发补贴占比较低。非研发补贴对畜牧业企业研发投入的影响并不显著，若要加快提升畜牧业企业的科技创新能力和核心竞争力，应逐步提高对畜牧业企业的研发补贴规模和强度。此外，非研发补贴大多具有短期刺激性的特点，不仅会对畜牧业企业造成非正常激励，而且可能抑制企业研发投入，在财政收支紧平衡的背景下，也应适当规范和压缩对畜牧业企业的非研发补贴规模。

第二，根据企业不同生命周期的特点，采取差异化措施促进畜牧业企业加大研发投入力度。政府在制定研发补贴政策时，可适当向创新潜力强但资金短缺的成长期畜牧业企业倾斜，通过严格评估企业的创新能力和发展潜力，筛选出真正需要且能够有效利用研发补贴的企业，从而提高研发补贴资金的使用效率。鼓励成长期畜牧业企业实施高管股权激励计划，并确保计划与企业的长期发展战略相契合。对于成熟期畜牧业企业，政府可通过调研等方式及时掌握其发展规划和创新意愿，配套使用税收优惠等政策消除其可能产生的创新惰性，鼓励其进行技术创新和产品升级，以保持竞争优势。对于衰退期畜牧业企业，政府一是可以通过提供贷款贴息、担保支持等方式，帮助企业缓解资金压力，二是鼓励和支持企业加强培训和人才引进，提升企业管理人员的创新能力和市场意识，激发衰退期企业通过技术创新实现转型升级。

第三，政府研发补贴需要分类施策，且可适当向民营企业、研发基础薄弱行业和西部地区的畜牧业企业倾斜。相较于国有畜牧业企业，民营畜牧业企业的融资约束更强、信号传递效应更明显，政府研发补贴若适当向民营企业倾斜，更容易促进更多的社会资本投向民营企业、激励企业提升研发投入强度。深化国有畜牧业企业改革，建立现代化企业制度，逐步破除阻碍国有畜牧业企业创新的体制机制障碍，激发企业创新活力和内生动力。政府在对动物保健和乳制品加工企业提供研发补贴的同时，也应尽可能地提高对其他畜牧行业的研发补贴强度，以期研发补贴达到一定水平后撬动其增加研发投入。西部地区的畜牧业企业研发投入强度明显偏低，应加强东部和中部地区对西部地区资金、人才、技术和管理方面的协作支援，提升其研发创新的动力和实力。

9.2.4 抢抓新一轮科技革命和产业变革机遇

抢抓新一轮科技革命和产业变革机遇。人工智能是新一轮科技革命和产业变革的重要驱动力量，前面论述中的三家楼房养猪模式案例均广泛应用了智能化设备,显著地提升了生产效率和疫病防控能力等。为推动畜牧业高质量发展,应积极抢抓新一轮科技革命和产业变革机遇。一是引入智能化技术。利用物联网、人工智能等先进技术,实现智能化养殖环境监控、精准饲喂、智能健康监测与疾病诊断、智能化繁殖管理等,实现养殖过程的自动化、精准化和高效化,提高生产效率、降低成本,同时改善动物福利和环境可持续性。二是探索生物技术应用。运用基因编辑、疫苗研发、微生物组学等生物技术,改良畜禽品种,提高抗病性和生产性能,推动畜牧业绿色发展。三是充分利用数据要素。建立畜牧业信息化平台,整合生产、市场、质量、疫病等各类信息,实现数据共享和互联互通,利用大数据分析和机器学习算法,对采集的数据进行深度挖掘,发现隐藏在数据中的规律和趋势,预测动物疾病发生、市场价格波动等,提升畜牧业管理水平和市场竞争力。

9.2.5 加快畜牧人才培养体系建设

现代畜牧业是一个多学科交叉的研究领域,首先应打破学科壁垒,鼓励畜牧兽医专业与生物技术、数据科学、环境科学等相关学科交叉融合,培养具备多学科背景的人才。例如,楼房猪舍的规划设计需结合畜牧学、建筑学、环境工程等多领域的专业知识,解决楼房养殖的痛点难点问题不仅需要畜牧兽医专业的人才,工科、机械、土建、数据科学等方面的人才同样不可或缺。鼓励教师之间合作与交流,建设跨学科、跨领域的教学团队,共同承担人才培养任务。其次,应创新人才培养模式,深化大专院校与畜牧业企业、科研机构合作,共同制订人才培养方案。畜牧业企业作为畜牧业科技创新的主体,可提供实习、实训基地,大专院校应积极邀请企业参与课程建设和教学改革,学校加强对学生的实验、实训、实习等实践教学环节,提高学生的动手能力和解决实际问题的能力。

9.2.6 坚持多元化的畜牧业发展模式

我国地域辽阔、地区差异性大，各地在畜牧业发展模式选择上应因地制宜，以适应不同的地理、经济、文化、社会环境和消费习惯。在土地资源紧缺但资金、技术实力雄厚的东南沿海和南方水网的一些地区可发展立体化、规模化、集约化的畜牧发展模式，大型畜牧业企业通过研发创新、延长产业链、完善供应链等方式能够有效地节约成本、提升生产效率、处理养殖废弃物、保障生物安全和食品质量安全。而中小规模养殖户灵活性强，熟悉本地市场需求和资源条件，更容易采用有机养殖、自然放牧等生态友好的养殖方式，生产更具特色和品质的产品，满足消费者的多样化需求。因此，在畜牧业发展中应该充分发挥大企业和中小规模养殖户各自的优势，形成互补效应。政府可以通过政策扶持、资金支持等方式激励大企业进行技术创新和产业升级，同时也要关注中小规模养殖户的发展，鼓励企业与中小养殖户形成利益联结机制，充分发挥畜牧科技服务企业和公益性农技推广机构的作用，为中小养殖户提供良种、饲料、疫病检测诊断治疗、机械化生产、废弃物资源化利用等实用科技服务，帮助他们提高生产技能和改善生产条件。

9.3 研究不足与未来展望

9.3.1 研究不足

虽然本书已经尽最大努力将研究框架、内容、方法、数据等方面考虑周全，但受数据资料的可得性和研究时间的限制，难免还存在以下方面的不足。

第一，限于数据的可获得性，一些指标考虑得不够周全。例如，在畜牧业高质量发展的指标选取中，动物防疫水平主要考虑了抗体合格率和动物疫病发病率，但是对动物疫病控制层面的指标没有选取，主要是由于该指标官方没有统计，而且也很难从现有的数据挖掘整理得到。绿色发展水平主要集中在畜禽废弃物资源化利用方面，关于养殖对大气污染方面的问题无法体现，这也是现有数据中很难得到的指标。由于缺失省级层面的畜牧业技术创新指标，只能使用各省份专利有效量与各省份GDP 的比值来替代畜牧业专利有效量与畜牧业产值的比值。

第二，畜牧业企业全要素生产率虽然也能够代表畜牧业高质量发展水平，但是它主要体现的是畜牧业企业的生产效率水平，不能像省级层面那样通过构建指标体系来反映更加全面的畜牧业企业高质量发展水平。这主要受限于数据的可得性，不过在以后的研究中笔者会继续关注畜牧业企业更多层面的高质量发展水平。

第三，样本量相对较小。一方面，省级层面的数据一共有 31 个省（区、市）11 年的连续数据，共 341 个样本，这主要是因为一些衡量省份畜牧业高质量发展水平的指标最早只能追溯到 2010 年，最新的数据也只能从农业农村部获取到了 2020 年。另一方面，畜牧业企业的样本数量也不算太多，一是由于在中国沪深两市上市的畜牧业企业数量本就不多，二是上市公司对研发投入的数据从 2007 年才开始公布，所以企业层面的数据样本量也相对有限。不过随着时间年限的拉长，样本数量也会持续增多，在后续的研究中，笔者会持续关注畜牧业企业的样本数量并做更为细致的实证研究。

9.3.2　未来展望

虽然本书不仅从宏观，微观和案例三个角度探究了科技投入，技术创新对畜牧业高质量发展的影响机理，还从企业生命周期和高管股权激励的视角探究了政府补贴对畜牧业企业研发投入强度的影响，但限于篇幅和时间，本书研究内容有限。今后，笔者会以本书为起点，对以下几个方面的内容进行更加深入细致的研究。

第一，进一步丰富和完善畜牧业高质量发展方面的研究。从宏观层面来看，可以继续收集更多的反映省级畜牧业高质量发展水平的指标，通过构建省级面板数据实证探究影响这些指标的因素。从微观企业层面来说，除了全要素生产率外，花更多的时间和精力去收集和整理反映畜牧业企业高质量发展水平的指标来进行分析，例如，体现企业低碳环保方面的一些指标。

第二，进一步挖掘促进畜牧业企业创新行为的影响因素。畜牧业企业是畜牧业科技创新的主体，如何提升畜牧业企业的创新能力对于发展畜牧业新质生产力，促进畜牧业高质量发展意义重大。一方面，以畜牧业企业的创新产出为结果变量，通过实证研究和案例研究找出更多影响畜牧业企业创新产出的因素。另一方面，以畜牧业企业创新投入为结果变量，进一步研究更多能够激发企业创新投入的变量，所得结论为制定更完善的促进畜牧业企业科技创新的政策提供参考。

第三，更多地通过实地调查的形式探索促进畜牧业科技创新的路径。一方面，对畜牧业正在形成和发展的颠覆性技术投入开展实地调查研究，更多地以案例研究的形式探究促进畜牧业颠覆性技术的体制机制和路径选择。另一方面，除进一步追踪畜牧业上市公司的数据外，进一步对非上市公司的大型畜牧业企业和中小型畜牧业企业开展实地调研和问卷调查，收集更多的经验证据，为促进畜牧业企业高质量发展和科技创新提供科学依据。

参 考 文 献

[1] 白恩来，刘浩，王子璐. 政府科技投入对创新绩效的影响研究[J]. 会计之友，2023（23）：88-96.

[2] 陈健，胡美，贾隽. 董事会特征对科技型企业研发投入的影响研究[J]. 科技管理研究，2022，42（3）：95-107.

[3] 陈鸣. 中国农业科技投入对农业全要素生产率的影响研究[D]. 长沙：湖南农业大学，2017.

[4] 陈秋红，张宽. 新中国70年畜禽养殖废弃物资源化利用演进[J]. 中国人口·资源与环境，2020，30（6）：166-176.

[5] 陈伟生，关龙，黄瑞林，等. 论我国畜牧业可持续发展[J]. 中国科学院院刊，2019，34（2）：135-144.

[6] 陈宇斌，王森. 农业技术创新、同群效应与农业高质量发展——兼议农地规模经营的作用机制[J]. 兰州学刊，2022（9）：148-160.

[7] 陈泽艺，李常青，李宇坤. 对外担保与企业创新投入[J]. 金融研究，2022（4）：133-150.

[8] 程郁，叶兴庆，宁夏，等. 中国实现种业科技自立自强面临的主要"卡点"与政策思路[J]. 中国农村经济，2022（8）：35-51.

[9] 褚吉瑞. 研发投入、纵向社会资本对企业创新的影响研究[J]. 商业经济研究，2023（10）：176-180.

[10] 代彬，闵诗尧，刘星. 资本市场国际化与审计师风险应对行为——基于企业生命周期视角[J]. 华东经济管理，2023，37（9）：

118 - 128.

[11] 邓雪娟，于继英，刘晶晶，等．我国生物发酵饲料研究与应用进展 [J]．动物营养学报，2019，31（5）：1981 - 1989.

[12] 董黎明，邵军，王悦．税收优惠对信息通信业企业研发投入的影响效应研究——基于流转税和所得税视角的比较 [J]．税务研究，2020（9）：126 - 131.

[13] 董艳敏，严奉宪．中国农业高质量发展的时空特征与协调度 [J]．浙江农业学报，2021，33（1）：170 - 182.

[14] 高培勇，袁富华，胡怀国，等．高质量发展的动力、机制与治理 [J]．经济研究参考，2020（12）：85 - 100.

[15] 龚红，朱翎希．政府研发与非研发补贴"光环效应"对企业外部融资的影响——来自新能源企业的实证 [J]．科技进步与对策，2021，38（4）：70 - 77.

[16] 顾雷雷，彭杨．慈善捐赠对企业绩效的影响——企业生命周期的调节作用 [J]．管理评论，2022，34（3）：243 - 254.

[17] 郭玥．政府创新补助的信号传递机制与企业创新 [J]．中国工业经济，2018（9）：98 - 116.

[18] 韩海彬，李谷成，何岸．中国农业增长质量的时空特征与动态演进：2000 - 2015 [J]．广东财经大学学报，2017，32（6）：95 - 105.

[19] 郝清民，张欣悦．高管激励、风险承担与研发投入 [J]．商业研究，2023（2）：109 - 117.

[20] 侯晶，应瑞瑶，周力．契约农业能有效提高农户的收入吗？——以肉鸡养殖户为例 [J]．南京农业大学学报（社会科学版），2018，18（3）：122 - 132.

[21] 胡德顺，潘紫燕，张玉玲．异质性环境规制、技术创新与经济高质量发展 [J]．统计与决策，2021，37（13）：96 - 99.

[22] 胡伟，龙霄，余浪．研发投入、政策激励与企业创新绩效

[J]. 财会通讯, 2023 (16): 35 - 40.

[23] 胡艳, 詹翩翩. 政府科技投入与技术创新关系研究——以长江经济带 11 省市为例 [J]. 科技管理研究, 2017, 37 (14): 91 - 97.

[24] 黄宏斌, 翟淑萍, 陈静楠. 企业生命周期、融资方式与融资约束——基于投资者情绪调节效应的研究 [J]. 金融研究, 2016 (7): 96 - 112.

[25] 黄修杰. 农业高质量发展的空间分异与影响因素——以广东省为例 [J]. 农业资源与环境学报, 2021, 38 (4): 699 - 708.

[26] 江艇. 因果推断经验研究中的中介效应与调节效应 [J]. 中国工业经济, 2022 (5): 100 - 120.

[27] 蒋舒阳, 庄亚明, 丁磊. 产学研基础研究合作、财税激励选择与企业突破式创新 [J]. 科研管理, 2021, 42 (10): 40 - 47.

[28] 金碚. 关于"高质量发展"的经济学研究 [J]. 中国工业经济, 2018 (4): 5 - 18.

[29] 金芳, 金荣学. 农业产业结构变迁对绿色全要素生产率增长的空间效应分析 [J]. 华中农业大学学报 (社会科学版), 2020 (1): 124 - 134.

[30] 郎香香, 尤丹丹. 管理者从军经历与企业研发投入 [J]. 科研管理, 2021, 42 (6): 166 - 175.

[31] 李春雷, 杜祥, 王刚毅. 畜牧业高质量发展: 内涵、攻坚要点与政策设计 [J]. 中国农业大学学报, 2023, 28 (8): 296 - 305.

[32] 李刚. 肉鸭产业组织化程度对养殖户废弃物处理行为的影响研究 [D]. 武汉: 华中农业大学, 2021.

[33] 李谷成, 李烨阳, 周晓时. 农业机械化、劳动力转移与农民收入增长——孰因孰果? [J]. 中国农村经济, 2018 (11): 112 - 127.

[34] 李红莉, 张俊飚, 罗斯炫, 等. 农业技术创新对农业发展质量的影响及作用机制——基于空间视角的经验分析 [J]. 研究与发展管理,

2021, 33 (2): 1 - 15.

[35] 李军, 潘丽莎. 乡村振兴背景下畜牧业高质量发展面临的主要矛盾与破解路径 [J]. 经济纵横, 2022 (8): 58 - 64.

[36] 李奇峰, 李嘉位, 马为红, 等. 畜禽养殖疾病诊断智能传感技术研究进展 [J]. 中国农业科学, 2021, 54 (11): 2445 - 2463.

[37] 李强, 刘冬梅. 我国农业科研投入对农业增长的贡献研究——基于 1995 - 2007 年省级面板数据的实证分析 [J]. 中国软科学, 2011 (7): 42 - 49.

[38] 李云鹤, 李湛, 唐松莲. 企业生命周期、公司治理与公司资本配置效率 [J]. 南开管理评论, 2011, 14 (3): 110 - 121.

[39] 刘鹏振, 武文杰, 顾恒, 等. 政府补贴对高新技术企业绿色创新的影响研究——基于企业生命周期和产业集聚视角 [J]. 软科学, 2023, 37 (10): 9 - 15.

[40] 刘胜强, 常丹丹. 重庆市财政科技投入与技术创新关系的实证研究 [J]. 华东经济管理, 2014, 28 (11): 42 - 46.

[41] 刘诗源, 林志帆, 冷志鹏. 税收激励提高企业创新水平了吗?——基于企业生命周期理论的检验 [J]. 经济研究, 2020, 55 (6): 105 - 121.

[42] 刘希, 李彤, 张曼玉, 等. 我国不同奶牛养殖规模的技术效率及其影响因素分析 [J]. 江苏农业科学, 2017, 45 (16): 308 - 312.

[43] 刘志强, 卢崇煜. 地区市场异质性、研发投入对企业创新绩效的影响 [J]. 科技进步与对策, 2018, 35 (12): 99 - 106.

[44] 柳光强. 税收优惠、财政补贴政策的激励效应分析——基于信息不对称理论视角的实证研究 [J]. 管理世界, 2016 (10): 62 - 71.

[45] 卢泓钢, 郑家喜, 陈池波, 等. 湖北省畜牧业高质量发展水平评价及其耦合协调性研究——基于产业链的视角 [J]. 中国农业资源与区划, 2022, 43 (5): 251 - 261.

[46] 卢现祥，王素素，卢哲凡．研发投入结构是否影响企业创新能力？[J]．福建论坛（人文社会科学版），2022（5）：39-52.

[47] 罗志楠．机械化对蛋鸡规模养殖效率的影响 [J]．中国畜禽种业，2020，16（9）：180-182.

[48] 马大勇．我国政府科技投入对专利授权量的效应分析——基于VEC模型的实证分析 [J]．科技与经济，2013，26（6）：61-65.

[49] 毛慧，周力，应瑞瑶．契约农业能改善农户的要素投入吗？——基于"龙头企业＋农户"契约模式分析 [J]．南京农业大学学报（社会科学版），2019，19（4）：147-155.

[50] 孟维福，刘婧涵．绿色金融促进经济高质量发展的效应与异质性分析——基于技术创新与产业结构升级视角 [J]．经济纵横，2023（7）：100-110.

[51] 闵继胜，周力．组织化降低了规模养殖户的碳排放了吗——来自江苏三市229个规模养猪户的证据 [J]．农业经济问题，2014，35（9）：35-42.

[52] 邱强，卜华．基于内生视角的股权激励与企业研发投入研究 [J]．科研管理，2021，42（11）：200-208.

[53] 尚洪涛，黄晓硕．政府补贴、研发投入与创新绩效的动态交互效应 [J]．科学学研究，2018，36（3）：446-455.

[54] 邵帅，范美婷，杨莉莉．经济结构调整、绿色技术进步与中国低碳转型发展——基于总体技术前沿和空间溢出效应视角的经验考察 [J]．管理世界，2022，38（2）：46-69.

[55] 施建军，栗晓云．政府补助与企业创新能力：一个新的实证发现 [J]．经济管理，2021，43（3）：113-128.

[56] 舒畅，乔娟，耿宁．畜禽养殖废弃物资源化的纵向关系选择研究——基于北京市养殖场户视角 [J]．资源科学，2017，39（7）：1338-1348.

［57］宋广蕊，马春爱，肖榕．研发投入同群效应促进了企业创新"增量提质"吗？［J］．外国经济与管理，2023，45（4）：137-152.

［58］宋洋．数字经济、技术创新与经济高质量发展：基于省级面板数据［J］．贵州社会科学，2020（12）：105-112.

［59］万俊毅．准纵向一体化、关系治理与合约履行——以农业产业化经营的温氏模式为例［J］．管理世界，2008（12）：93-102.

［60］王欢，乔娟，李秉龙．养殖户参与标准化养殖场建设的意愿及其影响因素——基于四省（市）生猪养殖户的调查数据［J］．中国农村观察，2019（4）：111-127.

［61］王静，赵凯．宅基地退出对农户农业生产效率的影响——基于安徽省金寨县473份农户样本［J］．中国土地科学，2021，35（7）：71-80.

［62］王璐，杨汝岱，吴比．中国农户农业生产全要素生产率研究［J］．管理世界，2020，36（12）：77-93.

［63］王明利．"十四五"时期畜产品有效供给的现实约束及未来选择［J］．经济纵横，2020（5）：100-108.

［64］王明利，李鹏程，马晓萍．规模化选择对畜牧业高质量发展的影响及其路径优化——基于生猪养殖规模化视角［J］．中国农村经济，2022（3）：12-35.

［65］王启贵，王海威，郭宗义，等．加强畜禽遗传资源保护 推动我国畜牧种业发展［J］．中国科学院院刊，2019，34（2）：174-179.

［66］王羲，张强，侯稼晓．研发投入、政府补助对企业创新绩效的影响研究［J］．统计与信息论坛，2022，37（2）：108-116.

［67］王晓燕，师亚楠，史秀敏．政府补助、融资结构与中小企业研发投入——基于动态面板系统GMM与门槛效应分析［J］．金融理论与实践，2021（3）：32-39.

［68］王晓云．要素价格扭曲、技术创新与经济高质量发展［J］．经济体制改革，2023（2）：158-166.

[69] 王彦超，赵婷婷，纪宇．反垄断、竞争强度与高管激励 [J]．财贸经济，2022，43（3）：67 - 81．

[70] 卫增，卢泓钢，辛晓宇．湖北省生猪产业高质量发展评价指标体系构建与测度研究 [J]．农村经济与科技，2021，32（22）：145 - 149．

[71] 魏彦杰，丁怡帆，曹慧平．董事长的海外背景与企业研发投入——基于融资约束的中介作用 [J]．哈尔滨商业大学学报（社会科学版），2021（3）：77 - 91．

[72] 吴浩强，胡苏敏．数字化转型、技术创新与企业高质量发展 [J]．中南财经政法大学学报，2023（1）：136 - 145．

[73] 吴伟伟，张天一．非研发补贴与研发补贴对新创企业创新产出的非对称影响研究 [J]．管理世界，2021，37（3）：137 - 160．

[74] 吴信，翟振亚，万丹，等．促进畜牧业高质量发展的技术与实现路径 [J]．科技促进发展，2021，17（10）：1837 - 1842．

[75] 向海燕，刘欣欣．税收优惠、地方政府治理与科技型中小企业研发投入 [J]．地方财政研究，2023（1）：91 - 102．

[76] 项后军，张清俊．中国的显性存款保险制度与银行风险 [J]．经济研究，2020，55（12）：165 - 181．

[77] 肖春明，岳树民．增值税留抵退税、融资约束与企业研发投入——基于上市公司的实证分析 [J]．地方财政研究，2022（12）：71 - 78．

[78] 肖小勇，李秋萍．农业生产：科技存量与空间溢出——基于1986—2010年空间面板数据的分析 [J]．中国经济问题，2013（1）：43 - 50．

[79] 谢会强，封海燕，马昱．空间效应视角下高技术产业集聚、技术创新对经济高质量发展的影响研究 [J]．经济问题探索，2021（4）：123 - 132．

[80] 谢佩洪，汪春霞．管理层权力、企业生命周期与投资效率——

基于中国制造业上市公司的经验研究 [J]. 南开管理评论，2017，20（1）：57 - 66.

[81] 谢瑞平，赵璐. 政治关联对民营企业研发投入同群效应的影响与机制研究 [J]. 会计研究，2023 (8)：134 - 145.

[82] 辛岭，安晓宁. 我国农业高质量发展评价体系构建与测度分析 [J]. 经济纵横，2019 (5)：109 - 118.

[83] 辛翔飞，王祖力，刘晨阳，等. 新阶段我国生猪产业发展形势、问题和对策 [J]. 农业经济问题，2023 (8)：4 - 16.

[84] 辛翔飞，王祖力，王济民. 我国肉鸡供给反应实证研究——基于 Nerlove 模型和省级动态面板数据 [J]. 农林经济管理学报，2017，16（1）：120 - 126.

[85] 熊学振，熊慧，马晓萍，等. 中国畜牧业高质量发展水平的空间差异与动态演进 [J]. 中国农业资源与区划，2022：1 - 14.

[86] 徐利飞，孟雨琦，蔡敬. 边疆民族地区政府补助与中小企业自主创新绩效研究——以内蒙古自治区为例 [J]. 财经理论研究，2023 (3)：46 - 62.

[87] 许志勇，韩炳. 资产结构错配与企业高质量发展——技术创新与融资约束的中介效应 [J]. 系统工程理论与实践，2023，43（10）：2881 - 2907.

[88] 薛阳，牛子正，段淏文，等. 数字经济、技术创新与高质量发展 [J]. 统计与决策，2023，39 (21)：96 - 102.

[89] 杨惠. 规模养殖比重越高　生产波动风险越小 [N]. 中国畜牧兽医报.

[90] 姚林香，彭瑞娟，徐建斌. 异质性政府补贴对企业研发投入与研发产出的非对称影响 [J]. 当代财经，2022 (10)：40 - 51.

[91] 叶阿忠，吴继贵，陈生明. 空间计量经济学 [M]. 厦门：厦门大学出版社，2015：212.

［92］尹朝静．科研投入、人力资本与农业全要素生产率［J］．华南农业大学学报（社会科学版），2017，16（3）：27－35．

［93］于波，范从来．绿色金融、技术创新与经济高质量发展［J］．南京社会科学，2022（9）：31－43．

［94］于法稳，黄鑫，王广梁．畜牧业高质量发展：理论阐释与实现路径［J］．中国农村经济，2021（4）：85－99．

［95］余长林，池菊香．知识产权保护、融资约束与中国企业研发投入［J］．吉林大学社会科学学报，2021，61（3）：142－153．

［96］张辉，王庭锡，孙咏．数字基础设施与制造业企业技术创新——基于企业生命周期的视角［J］．上海经济研究，2022（8）：79－93．

［97］张杰，陈志远，杨连星，等．中国创新补贴政策的绩效评估：理论与证据［J］．经济研究，2015，50（10）：4－17．

［98］张利庠，罗千峰．中国生猪种业高质量发展的理论阐释、现实困境与路径探析——基于产业生态系统视角［J］．中国农村经济，2023（3）：66－80．

［99］张留华，吴夏．中国式现代化背景下畜牧强国建设的内涵特征、动力机制与实践方略［J］．饲料研究，2023，46（15）：187－190．

［100］张茜，俞颖．绿色金融对城市高质量发展的作用研究——来自277个地级市数据的证据［J］．金融发展研究，2023（3）：52－58．

［101］张艳辉，李宗伟，陈林．研发资金投入对企业技术创新绩效的影响研究［J］．中央财经大学学报，2012（11）：63－67．

［102］张友明，刘燕．信息化对畜牧业发展的重要意义［J］．畜牧兽医科技信息，2020（1）：23．

［103］张玉昌，郑江淮，冉征．政府资助与企业研发投入：影响机制和效应分析［J］．经济理论与经济管理，2024，44（1）：71－86．

［104］张玉华，陈雷．政府科技投入对技术创新影响的区域性差异分析［J］．统计与决策，2019，35（23）：100－104．

[105] 章勇. 再降 0.8%, 我国饲用豆粕减量替代再进一程 [N]. 中国畜牧兽医报, 2023 - 04 - 14.

[106] 赵剑波, 史丹, 邓洲. 高质量发展的内涵研究 [J]. 经济与管理研究, 2019, 40 (11): 15 - 31.

[107] 周晶, 青平. 规模化养殖对中国生猪粪便污染的影响研究 [J]. 环境污染与防治, 2017, 39 (8): 920 - 924.

[108] 周宁. 中国农业科研投资效率研究 [D]. 南京: 南京农业大学, 2009.

[109] 周燕, 潘遥. 财政补贴与税收减免——交易费用视角下的新能源汽车产业政策分析 [J]. 管理世界, 2019, 35 (10): 133 - 149.

[110] AARSTAD J, KVITASTEIN O A. Enterprise R&D investments, product innovation and the regional industry structure [J]. Regional Studies, 2019.

[111] ABRAHAM H, PAL S K. Animal biotechnology options in improving livestock production in the horn of Africa [J]. International Journal of Interdisciplinary and Multidisciplinary Studies, 2014, 1 (3): 1 - 8.

[112] ACS Z J, AUDRETSCH D B. Innovation and technological change [M]. Berlin: Springer, 2003: 55 - 79.

[113] ADIZES I. Corporate Lifecycles: How and Why Corporations Grow and Die and What to Do About It [M]. Englewood Cliffs, NJ: Prentice Hall, 1988.

[114] ARRAIZ I, DRUKKER D M, KELEJIAN H H, et al. A spatial Cliff-Ord-type model with heteroskedastic innovations: Small and large sample results [J]. Journal of Regional Science, 2010, 50 (2): 592 - 614.

[115] ARROW K J. Economic Welfare and the Allocation of Resources for Invention [M]. Princeton, N J: Princeton University Press, 1972: 219 - 236.

[116] BAI H, ZHOU G, HU Y, et al. Traceability technologies for farm animals and their products in China [J]. Food Control, 2017, 79: 35 - 43.

[117] BANHAZI T M, BABINSZKY L, HALAS V, et al. Precision Livestock Farming: Precision feeding technologies and sustainable livestock production [J]. International Journal of Agricultural and Biological Engineering, 2012, 5 (4): 54 - 61.

[118] BARON R M, KENNY D A. The moderator-mediator variable distinction in social psychological research: Conceptual, strategic, and statistical considerations. [J]. Journal of Personality and Social Psychology, 1986, 51 (6): 1173.

[119] BARTZ - ZUCCALA W, MOHNEN P, SCHWEIGER H. The role of innovation and management practices in determining firm productivity [J]. Comparative Economic Studies, 2018, 60 (4): 502 - 530.

[120] BERLE A A, MEANS G C. The Modern Corporation and Private Property [M]. New York: Macmillan, 1932.

[121] BIRTHAL P S. Innovations in marketing of livestock products in India [J]. Indian Journal of Agricultural Marketing, 2016, 30 (3s): 88 - 107.

[122] BOEKEL M. Technological innovation in the food industry: product design [M]. Wageningen Academic, 2005: 147 - 172.

[123] BOUBACAR O, HUI - QIU Z, RANA M A, et al. Analysis on technical efficiency of rice farms and its influencing factors in south - western of Niger [J]. Journal of Northeast Agricultural University (English Edition), 2016, 23 (4): 67 - 77.

[124] BRONZINI R, PISELLI P. The impact of R&D subsidies on firm innovation [J]. Research Policy, 2016, 45 (2): 442 - 457.

[125] BUCCELLA D, FANTI L, GORI L. The disclosure decision game: Subsidies and incentives for R&D activity [J]. Mathematical Social Sci-

ences, 2023, 125: 11 - 26.

[126] BUSHEE B J. The influence of institutional investors on myopic R&D investment behavior [J]. Accounting review, 1998: 305 - 333.

[127] CAI R, MA W, SU Y. Effects of member size and selective incentives of agricultural cooperatives on product quality [J]. British Food Journal, 2016, 118 (4): 858 - 870.

[128] DAI X, CHENG L. The effect of public subsidies on corporate R&D investment: An application of the generalized propensity score [J]. Technological Forecasting and Social Change, 2015, 90: 410 - 419.

[129] DICKINSON V. Cash flow patterns as a proxy for firm life cycle [J]. The accounting review, 2011, 86 (6): 1969 - 1994.

[130] ELHORST J P. Spatial econometrics: from cross - sectional data to spatial panels [M]. Springer, 2014.

[131] ERDAL L, GÖÇER İ. The effects of foreign direct investment on R&D and innovations: Panel data analysis for developing Asian countries [J]. Procedia-Social and Behavioral Sciences, 2015, 195: 749 - 758.

[132] FAN S. Research investment and the economic returns to Chinese agricultural research [J]. Journal of Productivity Analysis, 2000, 14: 163 - 182.

[133] FROLOV V Y, SYSOEV D P, TUMANOVA M I. Improvement of the livestock production efficiency [J]. British Journal of Innovation in Science and Technology, 2016, 1 (1): 25 - 34.

[134] GABRIEL A, PFEIFFER J. Adoption potential of digital and automation technologies in smaller-scale livestock farming [J]. Agri-Tech Economics for Sustainable Futures, 2021, 20 (3).

[135] GARDNER J W. How to prevent organizational dry rot [J]. Harper's Magazine, 1965: 20 - 26.

[136] GONG B L. New Growth Accounting [J]. American Journal of

Agricultural Economics, 2020, 102 (2): 641 – 661.

[137] GROHER T, HEITKÄMPER K, UMSTÄTTER C. Digital technology adoption in livestock production with a special focus on ruminant farming [J]. Animal, 2020, 14 (11): 2404 – 2413.

[138] HAIRE M. Biological Models and Empirical Histories of the Growth of Organizations [M]. New York: John wiley, 1959.

[139] HAZELL P B. An assessment of the impact of agricultural research in South Asia since the green revolution [J]. Handbook of Agricultural Economics, 2010, 4: 3469 – 3530.

[140] KHOSHNEVISAN B, DUAN N, TSAPEKOS P, et al. A critical review on livestock manure biorefinery technologies: Sustainability, challenges, and future perspectives [J]. Renewable and Sustainable Energy Reviews, 2021, 135: 110033.

[141] KREHBIEL C. The role of new technologies in global food security: Improving animal production efficiency and minimizing impacts [J]. Anim. Front, 2013, 3: 4 – 7.

[142] LEE L, YU J. Estimation of spatial autoregressive panel data models with fixed effects [J]. Journal of Econometrics, 2010, 154 (2): 165 – 185.

[143] LESAGE J, PACE R K. Introduction to spatial econometrics [M]. London: Chapman and Hall/CRC Press, 2009.

[144] LI F, XU X, LI Z, et al. Can low – carbon technological innovation truly improve enterprise performance? The case of Chinese manufacturing companies [J]. Journal of Cleaner Production, 2021, 293: 125949.

[145] LI G, WANG X, SU S, et al. How green technological innovation ability influences enterprise competitiveness [J]. Technology in Society, 2019, 59: 101136.

［146］ LI X, MA X, WANG M, et al. International evaluation of China's beef cattle industry development level and lagging points ［J］. Agriculture, 2022, 12 (10): 1597.

［147］ LIM C Y, WANG J, ZENG C C. China's "Mercantilist" Government Subsidies, the Cost of Debt and Firm Performance ［J］. Journal of Banking & Finance, 2018, 86: 37 – 52.

［148］ LIU D, WANG L, YAN J, et al. R&D manipulation and SEO pricing in the Chinese capital market: The information effect of inefficient investment ［J］. Research in International Business and Finance, 2023, 65: 101946.

［149］ LU X, SHENG Y, WANG J. The influence of executive compensation incentives on R&D investment: the moderating effect of executive overconfidence ［J］. Technology Analysis & Strategic Management, 2020, 32 (10): 1169 – 1181.

［150］ MOFAKKARUL ISLAM M, RENWICK A, LAMPRINOPOULOU C, et al. Innovation in livestock genetic improvement ［J］. EuroChoices, 2013, 12 (1): 42 – 47.

［151］ MOSNIER C, BENOIT M, MINVIEL J J, et al. Does mixing livestock farming enterprises improve farm and product sustainability?［J］. International Journal of Agricultural Sustainability, 2022, 20 (3): 312 – 326.

［152］ NEETHIRAJAN S. The role of sensors, big data and machine learning in modern animal farming ［J］. Sensing and Bio-Sensing Research, 2020, 29: 100367.

［153］ NIN – PRATT A, FALCONI C A. Agricultural R&D investment, knowledge stocks and productivity growth in Latin America and the Caribbean ［M］. Intl Food Policy Res Inst, 2018.

［154］ PAN D, TANG J, ZHANG L, et al. The impact of farm scale and technology characteristics on the adoption of sustainable manure management technologies: Evidence from hog production in China [J]. Journal of Cleaner Production, 2021, 280: 124340.

[155] PLEY C, EVANS M, LOWE R, et al. Digital and technological innovation in vector-borne disease surveillance to predict, detect, and control climate-driven outbreaks [J]. The Lancet Planetary Health, 2021, 5 (10): e739 − e745.

[156] PORTER M E. The Competitive Advantage of Nations [M]. New York: Free Press, 1990.

[157] RATNA J, SHARMA K D. Impact of investment in research and development on growth and performance of dairy sector in Himachal Pradesh [J]. Indian J Dairy Sci, 2017, 70 (4): 471 −476.

[158] RICARDO D. Principles of political economy and taxation [M]. London: G. Bell, 1927.

[159] ROSS S A. The economic theory of agency: The principal's problem [J]. The American Economic Review, 1973, 63 (2): 134 −139.

[160] SCHUMPETER J A. The Theory of Economic Development [M]. Harvard University Press, 1934.

[161] SERÉ C, STEINFELD H, GROENEWOLD J. World livestock production systems [M]. Food and Agriculture Organization of the United Nations, 1996.

[162] SERRANO A S. Loan renegotiation and the long-term impact on total factor productivity [J]. Latin American Journal of Central Banking, 2022, 3 (4): 100074.

[163] SMITH A. The wealth of nations: An inquiry into the nature and causes [M]. Modern Library New York, 1937.

[164] SOLOW R M. Technical change and the aggregate production

function [J]. The review of Economics and Statistics, 1957, 39 (3): 312 – 320.

[165] SPADA A, FIORE M, MONARCA U, et al. R&D Expenditure for new Technology in livestock farming: impact on GHG reduction in developing countries [J]. Sustainability, 2019, 11 (24): 7129.

[166] STONE B. Evolution and diffusion of agricultural technology in China [M]. Washington, D. C: Smithsonian Institute Press, 1990.

[167] TENG Y, PANG B, WEI J, et al. Behavioral decision – making of the government, farmer-specialized cooperatives, and farmers regarding the quality and safety of agricultural products [J]. Frontiers in Public Health, 2022, 10: 920936.

[168] TIAN Y. Live pig production efficiency in China [M]. University of California, Davis, 2017.

[169] TITTONELL P, PIÑEIRO G, GARIBALDI L A, et al. Agroecology in large scale farming—A research agenda [J]. Frontiers in Sustainable Food Systems, 2020, 4: 584605.

[170] TORO – MUJICA P, GONZÁLEZ – RONQUILLO M. Feeding and nutritional strategies to reduce livestock greenhouse gas emissions [J]. Frontiers in Veterinary Science, 2021, 8: 717426.

[171] VAINTRUB M O, LEVIT H, CHINCARINI M, et al. Precision livestock farming, automats and new technologies: Possible applications in extensive dairy sheep farming [J]. Animal, 2021, 15 (3): 100143.

[172] WANG S L, HEISEY P W, HUFFMAN W E, et al. Public R&D, private R&D, and US agricultural productivity growth: Dynamic and long – run relationships [J]. American Journal of Agricultural Economics, 2013, 95 (5): 1287 – 1293.

[173] WU X, ZENG S. R&D investment, internal control and enter-

prise performance—an empirical study based on the listed companies in China of the core industry of the digital economy [J]. Sustainability, 2022, 14 (24): 16700.

[174] XIAO Z, PENG H, PAN Z. Innovation, external technological environment and the total factor productivity of enterprises [J]. Accounting & Finance, 2022, 62 (1): 3 - 29.

[175] YAN B, LI Y, YAN J, et al. Assessment of the mechanization level of livestock and poultry breeding: a case study in Hubei Province, China [J]. Environment, Development and Sustainability, 2024: 1 - 18.

[176] YAN Z, WANG M, LI X, et al. Impact of African Swine Fever Epidemic on the Cost Intensity of Pork Production in China [J]. Agriculture, 2023, 13 (2): 497.

[177] ZHANG L, GUO W, LV C. Modern technologies and solutions to enhance surveillance and response systems for emerging zoonotic diseases [J]. Science in One Health, 2024, 3: 100061.

[178] ZHANG L, GUO W, LV C, et al. Advancements in artificial intelligence technology for improving animal welfare: Current applications and research progress [J]. Animal Research and One Health, 2024, 2 (1): 93 - 109.

[179] ZHU N, QIN F. Influence of mechanization on technical efficiency of large - scale layer breeding [J]. Transactions of the Chinese Society of Agricultural Engineering, 2015, 31 (22): 63 - 69.

[180] ZO - YING H, JI - MIN W. Research Progress on Economic Impacts of Animal Disease [J]. Journal of Agricultural Science & Technology, 2015, 17 (2).